El Poder de la

Inteligencia
Creativa

El Poder de la
Inteligencia
Creativa

Tony Buzan

Del autor bestseller que ha vendido millones de ejemplares

URANO

Argentina - Chile - Colombia - España
Estados Unidos - México - Uruguay - Venezuela

Título original: *The Power of Creative Intelligence*
Edición original: Thorsons, An Imprint of HarperCollins*Publishers,* Londres
Traducción: Alicia Sánchez
Rotulación de los Mapas Mentales®: Alejo Torres

Originally published in English by HarperCollins*Publishers* Ltd. under the title:
THE POWER OF CREATIVE INTELLIGENCE. Translated under licence from
HarperCollins*Publishers* Ltd. The author asserts the moral right to be identified
as the author of this work.

© 2001 *by* Tony Buzan
© 2003 *by* Ediciones Urano, S.A.
© de la traducción, 2003 *by* Alicia Sánchez
   Aribau, 142, pral. – 08036 Barcelona
   www.mundourano.com
   www.edicionesurano.com

ISBN: 978-84-7953-540-7
Depósito legal: B. 34.895 - 2008

Fotocomposición: Ediciones Urano, S.A.
Impreso por Romanyà Valls, S.A.
Verdaguer, 1 – 08786 Capellades (Barcelona)

Impreso en España - *Printed in Spain*

Tony Buzan, creador de los Mapas Mentales®, (un método de análisis sencillo y revolucionario que permite utilizar al máximo las capacidades de la mente) es un reconocido experto en el campo de la inteligencia, además de autor de prestigio internacional. Entre sus obras —todas con millones de ejemplares vendidos en más de 100 países y traducidas a más de 30 idiomas— destacan *El libro de los mapas mentales* y *El libro de la lectura rápida* (ambos publicados por Urano). Es presidente de The Brain Foundation, fundador de The Brain Trust e inspirador de los Juegos Olímpicos de la Inteligencia. Asesora a ejecutivos de multinacionales, jefes de Estado y atletas de fama mundial.

Dedicatoria

El Poder de la Inteligencia Creativa está dedicado con todo mi cariño y afecto a Lesley y Teri Bias; a mi madre, Jean Buzan; a Lorraine Gill, Vanda North, Nicky y Strilli Oppenheimer, al doctor Petite Rao, Caroline Shott y a Carole Tonkinson por su creatividad, dedicación e intenso trabajo para que este librito pudiera llegar a ser una realidad.

Índice

Lista de Mapas Mentales®

Mapa Mental® que resume el capítulo 1, donde las ramas principales muestran las palabras e imágenes clave para las ideas principales contenidas en *El poder de la Inteligencia Creativa*.

Mapa Mental® que resume el capítulo 2, cuya imagen central hace hincapié en el tema de los hemisferios cerebrales. Las ramas principales muestran las características de los dos hemisferios e indican las formas como podemos usar este conocimiento para mejorar nuestra vida.

Mapa Mental® que resume el capítulo 3. ¡Este Mapa Mental® se resume a sí mismo! Es un mapa Mental® sobre Mapas Mentales® y la razón por la que son superiores a la forma tradicional de tomar notas. También muestra algunas de las muchas formas en que se pueden usar para mejorar nuestras habilidades mentales y reforzar los músculos de tu cerebro.

Mapa Mental® que resume el capítulo 5. Este Mapa Mental® resume tus habilidades musicales naturales, los grandes músicos de los que se habla en este capítulo y algunas de las formas principales en que puedes mejorar y desarrollar tu Inteligencia Creativa musical.

Mapa Mental® que resume el capítulo 6. Este Mapa Mental® presenta a los grandes pensadores que introducimos en este capítulo e incluye más información sobre los hemisferios cerebrales, sobre cómo sacar oro de tu mente y muchas otras formas en que puedes aumentar tu poder de la productividad.

Mapa Mental® que resume el capítulo 7. Este Mapa Mental® resume las tres formas principales en que puedes aumentar tu flexibilidad creativa y originalidad. También resume la serie de ejercicios de creatividad que te permiten reforzar esta área.

Mapa Mental® que resume el capítulo 8. Este Mapa Mental® te introduce al sorprendente poder de asociación de tu cerebro. Este Mapa Mental® resume esto, compara tu cerebro con el universo y muestra los múltiples juegos a los que puedes jugar para aumentar tu poder de asociación.

Mapa Mental® que resume el capítulo 10. Este Mapa Mental® contempla la creatividad y la vida a través de los ojos del genio creativo último, el niño. Cada rama resume una de las principales del genio creativo del niño.

Agradecimientos

Reitero todo mi agradecimiento a mi equipo de *Head First*,* mi libro más vendido, por haberlo conseguido otra vez con *El Poder de la Inteligencia Creativa*. A Carole Tonkinson, mi editora de proyectos; Charlotte Ridings, mi jefe de edición; Alan Burton, mi ilustrador y artista; Paul Redhead; Toby Watson; Tim Burn; Yvette Cowles; Jo Lal; Megan Slyfield; Jacqui Caulton; Aislinn McCormick y a nuestro nuevo miembro del equipo, Ariel Kahn.

El fragmento de la página 113 es de «October Salmon» de Ted Hughes. Primera edición de Faber & Faber en *The River*®, Ted Hughes, 1983. Reproducido con el permiso de Faber & Faber.

La reproducción del cuaderno de notas de Charles Darwin de la página 57 fue facilitada por los Síndicos de la Biblioteca de la Universidad de Cambridge.

El desnudo de Miguel Ángel, de la página 72, procede de la Biblioteca Witt, Courtlaud Institute of Art/Moravcke Galerie, Brno.

* *Usted es más inteligente de lo que se cree*, Ediciones Urano.

Introducción: Empieza tu viaje creativo

Capítulo uno

¿Haces? ¿Hacías? ¿Eres? ¿Serías?

¿Hasta qué punto te consideras creativo? Para hacerte una idea (probablemente sorprendente) de tu propia creatividad, reflexiona sobre las siguientes cuestiones y pregúntate:

1. ¿Sueñas despierto? SÍ/NO
2. ¿Planificas los menús y cocinas para ti, tu familia o tus amigos? SÍ/NO
3. ¿Mezclas y combinas los colores, las telas y los complementos cuando compras ropa para crear tu estilo único y exclusivo? SÍ/NO
4. ¿Te gustan muchos tipos de música diferente? SÍ/NO
5. ¿Recuerdas con gusto los momentos más destacados de tu vida, incluidos los momentos especiales que has pasado con tus amigos, acontecimientos deportivos, unas vacaciones inolvidables, cualquier «desastre» o triunfo significativo de tu vida? SÍ/NO
6. ¿Hiciste muchas preguntas cuando eras pequeño? SÍ/NO
7. ¿Todavía haces muchas preguntas? SÍ/NO
8. ¿Te asombras a veces de la complejidad o de la belleza de las cosas y te gustaría saber cómo funcionan, cómo se hicieron, cómo han sucedido, cómo han llegado a tu vida? SÍ/NO
9. ¿Tienes fantasías sexuales? SÍ/NO

10. ¿Tienes periódicos, revistas o libros en tu casa que te has prometido leer, pero que todavía no has encontrado tiempo para hacerlo? SÍ/NO

11. ¿Hay otras cosas en tu vida que te has prometido hacer o cumplir, que todavía no has hecho? SÍ/NO

12. ¿Te conmueven o entusiasman los espectáculos memorables musicales, deportivos, teatrales o artísticos? SÍ/NO

13. ¿Dirías «sí», si tuvieras una varita mágica y de pronto:
    - te convirtieras en un soberbio bailarín o bailarina que provocaras la admiración del público en cada actuación? SÍ/NO
    - se te concediera una voz equiparable a la de tu cantante favorito y pudieras cantar prácticamente cualquier canción para tu propia satisfacción y para el asombro de los demás? SÍ/NO
    - te convirtieras en un artista genial capaz de dibujar con rapidez historietas y bosquejos, paisajes y retratos, y capaz de esculpir tan bien que el propio Miguel Ángel te considerara un alumno digno de él? SÍ/NO
    - te convirtieras en un gran humorista o cuentacuentos, capaz de fascinar y encantar al público con tus historias y de hacer que se desternillara de risa con tus brillantes chistes? SÍ/NO

14. ¿Estás vivo? SÍ/NO

Si has respondido «sí» a más de la mitad de estas preguntas, entonces eres **creativo** por definición.

Hasta qué grado lo eres se verá a medida que prosigues con tu viaje por *El Poder de la Inteligencia Creativa*. Pero para que tengas una idea, veamos un par de preguntas que pueden sonar un tanto extrañas:

- **¿Tienes periódicos, revistas o libros en tu casa que te has prometido leer, pero que todavía no has encontrado el momento para hacerlo?**

   Casi el 95 por ciento de las personas responden «sí» a esta pregunta, pensando que eso significa que ¡posponen las cosas! Es cierto, pero ¡también lo es que son creativas! Cada día, durante semanas, meses o años, sus mentes han estado *creando* las excusas más fantásticas para no sentarse a leer. No importa que su creatividad esté dirigida a no hacer algo, sigue siendo una creatividad excepcional y es una fuente de poder tan grande que a veces puede ¡durar toda una vida!

Lo cual nos conduce a la pregunta:

- **¿Estás vivo?**

   Esto puede parecer algo obvio, pero la pregunta esconde una verdad profunda y significativa. Todos los días de tu vida, si quieres sobrevivir, tu sorprendente cerebro tiene que crear cientos de miles de pensamientos, acciones y soluciones para los problemas que, de lo contrario, acabarían con tu vida en esta tierra. El mero hecho de que estés *vivo* implica que eres muy creativo.

Aumentar y dar rienda suelta a esa gigantesca Inteligencia Creativa que posees es una mera cuestión de comprender cómo funciona y cómo puedes desarrollarla. Este librito te enseñará a hacerlo.

¿Qué es la Inteligencia Creativa?

La Inteligencia Creativa es la habilidad de tener ideas nuevas, de resolver problemas de maneras originales y de destacar por encima de la media en lo que se refiera a imaginación, conducta y productividad.

La Inteligencia Creativa está compuesta por una serie de factores, *todos* ellos se pueden enseñar y desarrollar para que puedas aumentar tu creatividad. *El Poder de la Inteligencia Creativa* te familiarizará con cada uno de estos factores y te mostrará cómo desarrollarlos y realzarlos. Estos factores incluyen:

1. **Los hemisferios cerebrales**. La habilidad de usar conjuntamente las diferentes destrezas de los dos hemisferios cerebrales.
2. **Tomar apuntes y Cartografía Mental®.** La habilidad de «hacer que tus pensamientos sean visibles» sacándolos de tu cabeza y plasmándolos en el papel, a fin de que puedas explorarlos más a fondo.
3. **Fluidez.** La velocidad con la que puedes expresar tus nuevas ideas. La fluidez es la medida de tu productividad creativa.
4. **Flexibilidad**. Tu habilidad para producir diferentes tipos de ideas y cambiar de una visión a otra utilizando una gran variedad de estrategias, es lo que constituye tu flexibilidad creativa. La flexibilidad incluye tu habilidad para ver las cosas desde diferentes perspectivas, considerar las cosas desde otros puntos de vista e invertir ideas ya existentes. También incluye tu habilidad para utilizar *todos* tus sentidos cuando creas ideas nuevas.
5. **Originalidad**. La originalidad es una de las esencias de la Inteligencia Creativa y del pensamiento creativo. Representa nuestra

habilidad para producir ideas únicamente nuestras, que son inusuales, únicas y «excéntricas» (es decir; «alejadas del centro»).

6.   **Expandir las ideas**. El buen pensador creativo toma una idea central y la usa en todas direcciones, la desarrolla, expande, borda y en general elabora el pensamiento original.

7.   **Asociación**. El pensador creativo se aprovecha de que el cerebro humano es una «máquina de asociación» gigante. Los pensadores creativos, al tener cierto conocimiento intuitivo sobre el funcionamiento de esta máquina de asociación (y tú tendrás ¡un conocimiento muy explícito cuando hayas leído este libro!), pueden conectar con este recurso infinito para mejorar todos los aspectos de su creatividad.

Una visión general de *El Poder de la Inteligencia Creativa*

El Poder de la Inteligencia Creativa está concebido para guiarte en un gran recorrido por la creatividad, mostrándote cómo puedes expandir y aumentar el poder de tu pensamiento creativo en cada etapa de tu viaje. Los capítulos siguientes contienen historias resumidas de casos y de personas que han demostrado las cualidades que estamos exponiendo. En cada capítulo también hay un ejercicio de creatividad, con el que puedes probar tu habilidad en ejercicios específicos para hacerte más inteligente. Cada ejercicio, a la vez que desarrolla el área de habilidad específica de la Inteligencia Creativa para la que ha sido diseñado, desarrollará simultáneamente (gracias a que el cerebro es una máquina de asociación que se expande e interconecta indefinidamente) los músculos mentales de tus otras áreas de habilidad de Inteligencia Creativa.

En los capítulos siguientes también se explica cómo puedes usar los Mapas Mentales® para desarrollar tu Inteligencia Creativa y se dan ejemplos de las herramientas supremas de pensamiento que potencian la creatividad, que he pasado mi vida desarrollando. También hay muchos otros diagramas e ilustraciones que utilizan los principios de la creatividad para ayudarte a mejorar la tuya.

Una panorámica de *El Poder de la Inteligencia Creativa.*

Capítulo 2: Utiliza tus hemisferios cerebrales mágicos

En este capítulo te guiaré en un viaje supersónico a través de los cincuenta años de investigación sobre este fascinante aspecto de la creatividad. Descubrirás nuevas percepciones de la naturaleza de la Inteligencia Creativa y aprenderás a utilizarlas para desarrollar espectacularmente tu pensamiento creativo.

Capítulo 3: Creatividad infinita: Cartografía tu mente con los Mapas Mentales®

Este capítulo nos introduce a la herramienta suprema del pensamiento creativo, el Mapa Mental®. Te enseñaré a convertirte en un maestro de la utilización de lo que se ha dado por llamar el «cuchillo del ejército suizo para el cerebro».

Capítulo 4: Tú el artista creativo

¿Quién ha dicho que no sabes dibujar? ¡Sí sabes!

Aquí exploraremos juntos las razones por las que más del 99 por ciento de las personas dirían que no saben dibujar y por qué están equivocadas. Te presentaré a dos de los más grandes maestros del arte: Leonardo da Vinci y Miguel Ángel. Ambos desarrollaron sus propios métodos creativos tremendamente simples y satisfactorios que puedes emplear para descubrir al artista que hay en ti. También descubrirás que hasta ahora a lo largo de tu vida ¡has creado millones de obras maestras de las cuales ni siquiera eres consciente!

Capítulo 5: Tú el músico creativo

Al igual que con las bellas artes, la mayoría de las personas suponen que no tienen «oído musical» y más del 95 por ciento estamos convencidos de que somos incapaces de cantar una canción sin desafinar. Al igual que con las bellas artes, eso no es cierto.

En este capítulo te explicaré por qué existen estas falsas creencias, cómo puedes superarlas y dar rienda suelta al músico creativo espontáneo que hay en ti. Descubrirás que has estado cantando bien durante la mayor parte de tu vida y que ¡existen algunas lecciones tremendamente alentadoras que podemos aprender de los pájaros!

Capítulo 6: Productividad creativa: El poder del volumen y de la velocidad

Tu creatividad productiva —el número o fluidez de ideas que puedes generar en cierto tiempo— es un factor principal de la Inteligencia Creativa. En este capítulo te mostraré cómo puedes aumentar tu productividad siguiendo los métodos que utilizaron los grandes genios creativos.

Capítulo 7: Flexibilidad creativa y originalidad

La razón principal por la que muchas personas se quedan estancadas en su búsqueda de la creatividad es porque se les ha enseñado a pensar sólo de una forma básica. Esto se convierte en una trampa de la cual es difícil salir sin ayuda. En este capítulo te mostraré muchas técnicas para ver con «nuevos ojos» —para contemplar las cosas desde distintos ángulos y bajo muchos puntos de vista diferentes; técnicas que todos los grandes genios del pensamiento creativo han empleado para generar sus ideas que han transformado el mundo.

¿Cuántas veces oímos decir a las personas cuando hablan de un genio creativo que es «único en su género», «fuera de serie», «singular», «incomparable»? Esta cualidad de ser único es el pilar del pensamiento creativo. Te demostraré que ya eres mucho más único de lo que piensas y te enseñaré formas de desarrollar tu originalidad que te sorprenderán a ti tanto como a tus amistades.

Capítulo 8: Tu cerebro, la «máquina de asociación» perfecta: Pensamiento expansivo e irradiante

La Inteligencia Creativa se basa en tu habilidad para hacer asociaciones entre muchas ideas y pensamientos diferentes. La persona promedio hace *muchas* menos asociaciones de las que se pueden hacer. En este capítulo te guiaré a través de un apasionante juego de asociación; a medida que vayas avanzando, te irás dando cuenta de nuevas formas de desarrollar tus propios poderes de asociación y descubrirás algo sorprendente respecto a la habilidad de tu cerebro para hacer conexiones.

Capítulo 9: Shakespeare y tú, ¡ambos poetas!

Para muchas personas la poesía, al igual que la pintura y la música, es un «arte especial» privilegio de unos pocos individuos superdotados. Esta es una creencia tan romántica como falsa. ¡Tú eres un poeta!

En el capítulo 9 te guiaré hasta tu alma poética, demostrándote cómo puedes aplicar todas las lecciones que has aprendido hasta ahora en *El Poder de la Inteligencia Creativa* para crear tu propia poesía.

Capítulo 10; Sólo una broma

¿Por qué los niños aprenden mejor y más rápido? ¿Por qué se les considera más creativos que los adultos? ¿Por qué tantos grandes artistas (como Picasso, por ejemplo) intentan «volver» a la creatividad de su infancia?

En este capítulo responderé a todas estas preguntas y te mostraré cómo volver a descubrir al niño y al genio creativo que llevas dentro.

A lo largo de *El Poder de la Inteligencia Creativa*, tendrás otro guía especial, Leonardo da Vinci, considerado ¡el mayor genio creativo del pasado milenio!

Utiliza tus hemisferios cerebrales mágicos

Capítulo dos

En este capítulo dispondrás de información actualizada sobre los hemisferios cerebrales y sobre cómo puedes combinar ambos hemisferios para multiplicar increíblemente tu poder creativo.

Vamos a embarcarnos en un vuelo supersónico para pasar revista a los últimos cincuenta años de investigaciones sobre el cerebro. El viaje comienza en el laboratorio del profesor Roger Sperry en California y describe la investigación que le hizo ganar el premio Nobel en 1981 y que te ayudará a ser consciente de las capacidades creativas ocultas que están esperando a que las descubras.

En los años cincuenta y sesenta del siglo XX, el profesor Sperry llevó a cabo investigaciones sobre el funcionamiento del cerebro. Para indagar sobre las diferentes activida- des del pensamiento y su efecto sobre las ondas cerebrales, Sperry y sus colaboradores pidieron a los voluntarios que desempeñaran distintas tareas mentales, desde sumar y res- tar mentalmente, leer poesía, recitar líneas memorizadas,

hacer garabatos, mirar diferentes colores, dibujar cubos, analizar problemas lógicos hasta soñar despiertos.

Sperry predijo que las ondas cerebrales se diferenciarían según la actividad y estaba en lo cierto. Lo que no había previsto —y este descubrimiento fue el que cambió para siempre nuestra forma de pensar respecto al potencial del cerebro humano y su habilidad para pensar creativamente— fue una revelación inédita: en general, el cerebro dividía sus actividades de manera muy distinta entre actividades del «hemisferio izquierdo» (corteza izquierda) y del «hemisferio derecho» (corteza derecha). Esta es la investigación que comúnmente se conoce como la investigación sobre «los hemisferios cerebrales».

La división principal de los trabajos fue la siguiente:

Hemisferio izquierdo	Hemisferio derecho
Palabras	ritmo
Lógica	conciencia espacial
Números	dimensión
Secuencia	imaginación
Linealidad	soñar despierto
Análisis	color
Listas	conciencia holística

Sperry también descubrió que cuando la corteza cerebral derecha estaba activa, la izquierda tendía a un estado relativamente tranquilo o meditativo. Así mismo, cuando la corteza cerebral izquierda estaba activa, la derecha estaba más relajada y en calma.

Además, y esto supuso una verdadera sorpresa (así como un rayo de esperanza), *todos* los cerebros sometidos a este experimento sobre ondas cerebrales mostraron tener todas las habilidades corticales en perfecto orden. En otras palabras, en el plano físico, fisiológico y potencial, *todo el mundo* tenía una extensa gama de facultades intelectuales, de pensamiento y de creatividad de las cuales evidentemente sólo usaban una parte.

Hacia los años setenta, estos resultados condujeron a un *boom* de investigaciones, estudios y encuestas en torno a la naturaleza de este potencial desaprovechado.

Una línea de investigación evidente (en la cual participé personalmente) fue hacer encuestas a las personas sobre qué pensaban acerca de sus propias habilidades y luego revisar estas habilidades o incapacidades percibidas con sus capacidades reales reveladas mediante una medición de sus ondas cerebrales.

Prueba tú mismo la siguiente encuesta.

Autoexamen de los hemisferios cerebrales

¿Te resultaría prácticamente imposible (casi *genéticamente* imposible) calcular con rapidez y exactitud el porcentaje de interés sobre el capital que te queda por amortizar de tu hipoteca, por ejemplo, o el área de tu jardín en proporción al área total de tu casa y de tu jardín? SI/NO

¿Te resultaría prácticamente imposible dibujar retratos que se parecieran a la persona retratada, pintar paisajes, dominar la dimensión y la perspectiva, comprender la historia del arte y hacer esculturas realistas y abstractas? SI/NO

¿Te resultaría prácticamente imposible componer música y canciones, identificar a diferentes compositores escuchando sólo unas pocas notas de sus piezas, bailar siguiendo el ritmo y cantar canciones afinando todas las notas? SI/NO

Probablemente, te alivie saber que más del 90 por ciento de las personas encuestadas estaban seguras de que *genéticamente* eran incapaces de realizar algo en alguna de estas tres áreas vitales de los números, de las bellas artes y de la música.

Probablemente te agradará y te animará saber que ¡todas estaban *equivocadas*!

Investigaciones posteriores han puesto de manifiesto que cuando se entrenaba a las personas —con buenos profesores— en esas áreas de destreza que suponían débiles, de pronto mejoraban mucho en las mismas. Era como identificar un grupo muscular débil, que estaba en ese estado no porque los propios músculos tuvieran algún problema, sino simplemente porque no se habían utilizado en mucho tiempo.

Esto no fue todo: además de que todo el mundo fue capaz de desarrollar áreas que antes consideraban débiles, pronto vio la luz otro descubrimiento sorprendente. Con el nuevo «músculo mental» ya en su sitio, los otros «músculos mentales» empezaron a mejorar su rendimiento.

Así, por ejemplo, las personas que no eran muy hábiles en imágenes y en bellas artes fueron entrenadas en ese campo; de pronto mejoraron sus habilidades en el lenguaje, tenían más capacidades con los números y, en general, eran más creativas. Igualmente, si las personas no eran muy hábiles con los números y se les formaba en esa área, su imaginación y habilidades musicales también mejoraban.

Lo que al parecer sucedía era que los hemisferios izquierdo y derecho del cerebro «conversaban» entre ellos. El hemisferio izquierdo recibía la información y se la enviaba al derecho, que a su vez la procesaba a su estilo, y la volvía a enviar al izquierdo, y así sucesivamente. Mediante este proceso el cerebro construía sinérgicamente información y aumentaba su propio poder intelectual y creativo combinando los diferentes elementos. A principios de los años ochenta del siglo pasado, el paradigma de los hemisferios se empezó a conocer por todo el globo y se comenzaron a escribir libros sobre este extraordinario descubrimiento.

Luego vinieron las dificultades.

Problema número 1

Puede que hayas oído que las actividades de los hemisferios cerebrales se etiquetaron en general como «intelectuales», «académicas» o «empresariales» y que las actividades del hemisferio derecho se clasificaron correspondientemente como «artísticas», «creativas» y «emocionales».

Sin embargo, si todas estas investigaciones están en lo cierto, y si utilizando ambos hemisferios de nuestro cerebro nuestra inteligencia y creatividad general aumenta, entonces, por definición, los grandes genios creativos han debido estar usando el mismo proceso mental y la totalidad de su cerebro. Pero si la clasificación anterior de los hemisferios derecho e izquierdo es correcta, entonces los académicos e intelectuales, como Isaac Newton y Albert Einstein habrían sido «zurdo—cerebrales», y los músicos y artistas como Beethoven y Miguel Ángel habrían sido «diestro-cerebrales», es decir, ¡no habrían utilizado sus cerebros al completo!

Es evidente que se requería más investigación para aclarar esta creciente controversia. Yo y una serie de personas apasionadamente curiosas empezamos a recopilar datos sobre los grandes genios creativos y a relacionarlos con el modelo de los hemisferios.

¿Qué crees que encontramos? Descubrimos *esto* respecto al «zurdo-cerebral» Einstein:

Historia: Albert Einstein

Albert Einstein ha sido considerado el genio creativo más grande del siglo XX. Sin embargo, fue un mal estudiante, prefería soñar despierto a estudiar y al final fue expulsado de la escuela por su «influencia perturbadora».

Como adolescente se inspiró en el aspecto imaginativo de las matemáticas y de la física, y le interesaba de la misma manera el trabajo de Miguel Ángel, al que estudió con profundidad. Estos intereses mutuos le animaron a jugar aún más con su imaginación y desarrolló sus ahora famosos «juegos mentales creativos» en los que se planteaba a sí mismo una intrigante pregunta y luego daba rienda suelta a su imaginación.

En uno de sus juegos mentales creativos más conocidos, Einstein imaginaba que estaba en la superficie del Sol, atra-

paba un rayo solar y se alejaba del Sol a la velocidad de la luz hasta los confines del universo.

Cuando llegó al «final» de su viaje, para su sorpresa se dio cuenta de que más o menos había vuelto al mismo lugar de donde había partido. Esto por lógica era imposible: ¡no vas eternamente en línea recta y terminas donde empezaste!

Por lo tanto, Einstein hizo otro viaje imaginario en un rayo desde otra parte de la superficie solar, y una vez más emprendió un viaje lineal hasta el fin del universo. De nuevo terminó relativamente cerca de donde había partido.

Poco a poco la verdad se le fue desvelando: su imaginación le había dicho más verdades que su lógica. Si «siempre» viajas en línea recta y continuamente regresas a un lugar cercano del punto de partida, entonces el «siempre» ha de ser al menos dos cosas: curvo de alguna manera y con un límite.

Así es cómo Einstein llegó a una de sus percepciones más profundas: nuestro universo es un universo curvo y finito. No llegó a esta gran realización creativa sólo pensando con el hemisferio izquierdo, sino combinando su conocimiento con una serie de números, palabras, órdenes, lógica y análisis con su inmensa imaginación, conciencia espacial y capacidad para tener una visión global.

Su percepción fue una fusión perfecta y una conversación entre ambos hemisferios de su cerebro. Fue una perfecta realización creativa «íntegro-cerebral».

Lo mismo sucedió, pero a la inversa, con los genios creativos «diestro-cerebrales». Veamos, por ejemplo, el «mayor» diestro-cerebral, Ludwig van Beethoven.

Historia: Ludwig van Beethoven

A Beethoven se le conoce por su turbulento, crítico y apasionado espíritu, por su deseo de libertad de la tiranía y de la censura y por su constante lucha por la libertad de la expresión artística. Se le suele aceptar como el ejemplo «perfecto» del genio salvaje e indómito.

Todo esto es cierto y concuerda con la interpretación tradicional de los genios creativos diestro-cerebrales. Sin embargo, lo que se ha escapado a la atención de la mayoría de las personas es que Beethoven, al igual que todos los demás músicos, también era ¡increíblemente zurdo-cerebral!

Tengamos en cuenta la naturaleza de la música: está escrita en líneas, en secuencias, sigue su propia lógica y se basa en los números. La música se ha descrito a menudo como la forma más pura de las matemáticas que en realidad es (y es interesante observar que para muchos de los grandes matemáticos la música era su gran afición y viceversa).

Beethoven, además de ser apasionadamente imaginativo y rítmico, también era apasionadamente meticuloso. Fue Beethoven el pionero del uso de metrónomo musical, afirmaba que era un regalo que Dios le había enviado, porque significaba que todo músico y director de orquesta en el futuro podrían interpretar sus composiciones, ¡con la *precisión* del

> ritmo correcto, con la *precisión* del énfasis correcto y con la *exactitud* del tempo matemático correcto!
>
> Al igual que Einstein, Beethoven no fue ni diestro-cerebral ni zurdo-cerebral. Fue totalmente *íntegro-cerebral*.

Mis investigaciones sobre los genios creativos me han confirmado que todos ellos utilizaron «todo el cerebro», toda la gama de sus habilidades corticales, en la que cada habilidad complementaba y apoyaba a las otras.

Estos hallazgos han aclarado el segundo gran problema con las investigaciones y sus supuestos.

Problema número 2

El segundo problema fue muy importante. Las actividades del hemisferio izquierdo «intelectual» tendían a ser etiquetadas como actividades «masculinas» y las del hemisferio derecho «creativas» y «emocionales» como «femeninas». ¡Algo absoluta y peligrosamente falso!

Estas clasificaciones no hacían más que reflejar las extendidas y «confirmadas» antiguas creencias de que:

- El terreno académico, la educación y la intelectualidad sólo se referían a las palabras, los números y la lógica y no a la imaginación, el color y el ritmo.
- El mundo de los negocios era sólo para un orden estricto.
- Los hombres eran seres lógicos y racionales, sin emociones, imaginación ni «color».

Utiliza tus hemisferios cerebrales mágicos

- Las mujeres eran soñadoras despiertas irracionales.
- La emoción no se basaba en la lógica asociativa.
- La creatividad y el arte no eran metas «adecuadas» y carecían de la ciencia y la racionalidad que las respaldara.

Lo trágico de estas malas interpretaciones, que por desgracia todavía son muy comunes en la actualidad y que *El Poder de la Inteligencia Creativa* ayudará a disipar, es que impiden a la mente ver la verdad, y por consiguiente, reducen el placer, la experiencia y la existencia.

Desafortunadamente, estas falsas interpretaciones todavía están muy arraigadas en el campo de la educación. Puesto que suponemos que la educación ha de ser «zurdo-cerebral», etiquetamos a los niños enérgicos, imaginativos, pintorescos, curiosos o propensos a demasiados lapsos de soñar despiertos como traviesos, molestos, hiperactivos, cortos o retrasados. Por el contrario, deberíamos considerarlos como ¡genios creativos en potencia que están empezando a explorar toda su gama de posibilidades!

Así mismo, muchos negocios se han quedado atascados en la rutina «zurdo-cerebral» y a raíz de ello no sólo están destruyendo la sinergia que procede de la combinación de las prácticas empresariales del hemisferio izquierdo con la imaginación y la intuición, sino también sus reputaciones y su esencia.

Consideremos también, en el contexto de este libro, la imagen global del artista. Las encuestas han demostrado que la mayoría de las personas consideran que los artistas son desordenados, sucios, desgreñados, faltos de lógica y de memoria y sin habilidades estructurales y organizativas.

Por desgracia millones de estudiantes de arte de todo el mundo intentan estar a la altura (aunque de hecho están en la *bajura*) de esta visión «ideal» de los artistas. Ésta es la razón por la que suelen rechazar el lenguaje, los números, la lógica, el orden y la estructura y crean sólo imágenes pasajeras en su mente.

El pensamiento hemisférico en el siglo XXI

Ahora, al comienzo del «Siglo del cerebro», nos damos cuenta de que el *cerebro creativo* es *todo el cerebro*. Además, también reconocemos que nuestra anterior clasificación nos ha conducido a ser conscientes de que nuestro potencial creativo es mayor de lo que pensábamos. Una sencilla pregunta y una comparación lo aclarará.

Si hemos estado utilizando sólo la mitad de las facultades mentales, ¿con qué porcentaje de eficiencia hemos estado funcionando?

La respuesta inmediata podría ser el 50 por ciento. ¡Esto indica que hemos estado haciendo el imbécil! Sin embargo, incluso esto es excesivo, como un sencillo ejemplo nos revelará.

Si te dijera que quiero medir tu rendimiento cuando corres y la prueba 1 te permitiera utilizar el 100 por cien de tu cuerpo, incluidos brazos y piernas. Imagina cómo lo harías si filmara en vídeo tu estilo corriendo y luego lo revisara para ver tu rendimiento mecánico. La mayoría sacaríamos una puntuación bastante alta.

Imagina ahora que en la prueba 2 sólo te permitiera usar el 50 por ciento de tu potencial de funcionamiento y te atara la mano derecha con el pie derecho por la espalda. ¿Cómo lo harías? ¡Te caerías de bruces a los pocos segundos! ¿Eficiencia? Por debajo de cero.

¿Por qué? Porque las partes de tu cuerpo están hechas para trabajar *juntas*, y con ello, cada parte multiplica por mil la eficiencia de la otra.

Lo mismo ocurre con el cerebro. *Cuando usamos sólo una parte de nuestras habilidades corticales, nuestra creatividad no es nada en comparación con lo que puede llegar a ser. Cuando usamos ambos hemisferios, nuestro potencial creativo se vuelve infinito.*

En el ejercicio de creatividad expuesto a continuación y en los restantes capítulos, exploraremos métodos para liberar el potencial creativo infinito.

Ejercicio de creatividad

1. Utiliza todas las habilidades de tu cerebro para examinar tu vida

Revisa ahora cuántas de tus habilidades del hemisferio izquierdo utilizas y fomentas. Luego haz lo mismo con las de tu hemisferio derecho. Presta atención a cualquiera de esos hemisferios derecho o izquierdo que estés descuidando y empieza a ejercitarlo y reforzarlo enseguida.

2. Educación

Si tienes hijos, aplica el pensamiento íntegro-cerebral a toda su educación, incluidas la escolar, social y familiar. Intenta ayudarles a conseguir una educación equilibrada, a fin de que puedan vivir de un modo más creativo y pleno.

No sólo eso, aplica los mismos principios a tu *propio* aprendizaje continuo, para que también puedas vivir una vida más creativa y plena.

3. Haz pausas

Curiosamente, el pensamiento íntegro-cerebral exige para que seas total y verdaderamente creativo que hagas pausas con regularidad.

Piensa en ello: ¿dónde estás o qué estás haciendo cuando tienes brotes de imaginación, cuando tienes las soluciones para los problemas, cuando tienes esas grandes fantasías y sueños diurnos? La mayoría de las respuestas de las personas incluyen algunas de las siguientes, cuando no todas:

- en el baño,
- en la ducha,
- paseando por el campo,
- preparándome para acostarme,
- dormir,
- al despertarme,
- mientras escucho música,
- cuando hago un viaje largo en coche,
- mientras estoy corriendo,
- mientras nado,
- estirado en la playa,
- cuando estoy haciendo garabatos sin «hacer nada».

¿En qué estado se encuentran tu mente y tu cuerpo en esos momentos? Relajados y a menudo estás solo.

Es en esos períodos de descanso cuando los dos hemisferios cerebrales pueden conversar y comunicarse entre ellos y cuando se puede expresar la inagotable fuente de tu creatividad.

Si no optas por hacer estas pausas conscientemente, tu cerebro lo hará por ti. Muchas personas «muy trabajadoras» (pero no «inteligentemente trabajadoras») cuentan que, a medida que pasan los años, están cada vez más estresadas y que les empieza a fallar la concentración. Esto en realidad es positivo, pues son sus hemisferios derechos los que están insistiendo en que se permitan un poco de imaginación y de fantasía para equilibrar su desequilibrado estado.

Si te encuentras en una situación similar e insistes en seguir con tu estilo de vida zurdo-cerebral, tu cerebro te obligará a hacer otro tipo de pausas, que pueden ser desde pérdidas de concentración, mini crisis nerviosas en las que te volverás irracionalmente irascible, hasta estallidos totales para los que la única solución es… ¡descanso y relajación!

Hazlo conscientemente. Dale a tu cerebro y a ti mismo un descanso. Tu Inteligencia Creativa te lo agradecerá.

4. Da largos paseos o haz excursiones

Los romanos tienen una frase especial, *solvitas perambulum*, que podría traducirse aproximadamente como «resuélvelo mientras caminas». Lo que descubrieron, aunque no en el contexto de los hemisferios cerebrales, fue que si sacas a pasear a tu cerebro, especialmente al campo, el ritmo estable del movimiento de tus extremidades, el ritmo regular de tu corazón bombeando con más fuerza, las dosis de sangre oxigenada que riegan tu cerebro y la fiesta que supone para tus ojos, oídos y otros sentidos mientras caminas, fomentan el pensamiento creativo y la resolución de problemas.

Si tienes que hacer una tarea creativa o resolver un problema en el que estás trabajando, ¡«Paséalo y lo resolverás»!

El Poder de la Inteligencia Creativa

5. Sé creativo en tu vida cotidiana

En las columnas de abajo, enumera las áreas de tu vida cotidiana en las que crees que eres creativo y en las que crees que no lo eres. Cuando hayas terminado, léelas:

Creativo	No creativo

La respuesta ideal para el ejercicio anterior es que *todos* los aspectos de tu vida cotidiana son intrínsicamente creativos y que todos ellos se pueden ensalzar aplicando más de toda la gama de habilidades de tus hemisferios cerebrales. Reflexiona sobre las siguientes habilidades cotidianas; todas ellas dependen de tu creatividad:

- cocinar,
- decorar,
- bricolaje y reformas caseras,
- fotografía,
- jardinería,
- encontrar rutas nuevas e interpretar mapas,
- carpintería,
- adornos florales,
- hacer presupuestos para acontecimientos o gastos especiales,
- las relaciones,
- envolver regalos,
- escribir cartas y mensajes,
- poner la mesa,
- ordenar las plantas de casa,
- cuidar y entrenar a los animales domésticos,
- planificar vacaciones y acontecimientos especiales,
- planificar reuniones,
- jugar al fútbol o practicar cualquier otro deporte.

Cada una de estas actividades puede ser más interesante y creativa añadiendo las «especias» de las habilidades de los hemisferios cerebrales.

En este campo creativo, las cosas pequeñas pueden ser muy importantes. Recoger conchas y trozos de madera arrojados por el mar a la playa y decorar tu casa con ellos; hacer edredones de *patchwork* con un montón de retales que de otro modo ya no servirían para nada; decorar la mesa poniendo una flor en el plato de cada comensal y utilizar conchas de la playa para poner la sal y la pimienta o descubrir nuevas y diferentes rutas para ir al trabajo cada semana, todo esto son cosas que requieren poco esfuerzo y que aportan muchísimo a la creatividad en tu vida.

Los períodos vacacionales y las festividades, te proporcionan maravillosas oportunidades para desplegar tu Inteligencia Creativa. Haz creativa la celebración de una festividad colocando adornos, que creen belleza y que resulten divertidos. Diseña tus propias tarjetas y regalos para las personas o planifica una cena para tus amigos, ¡las posibilidades son infinitas!

6. Tu galería de cerebros

Todos los grandes genios creativos tuvieron héroes o heroínas a quienes recurrieron en busca de inspiración. Alejandro Magno tuvo a Aristóteles como tutor; Julio Cesar tuvo a Alejandro Magno; todos los grandes genios del Renacimiento italiano siguieron los ejemplos de la antigüedad clásica; la emperatriz rusa Catalina la Grande se fijó en Pedro el Grande para inspirarse; Mohammed Ali tuvo a Sugar Ray Robinson; Isaac Newton a Sócrates; Stephen Hawking a Isaac Newton, y así sucesivamente, pasando por todo el panteón de los genios.

La técnica de los grandes creativos fue mantener conversaciones imaginarias con sus héroes, pedirles «opinión» e inspiración. Esta técnica de pensamiento creativo se puede utilizar para perseguir poderosas metas científicas y culturales y también la pueden usar todas las personas en sus vidas cotidianas.

Personalmente encuentro que esta técnica es de un valor excepcional en mi vida y la he empleado con éxito durante más de veinte años. Me ha permitido ser especialmente creativo siempre que me he encontrado con cualquier gran oportunidad o problema. La forma en que la utilizo es la siguiente: cuando me enfrento a una situación que requiere la ayuda de mi galería de cerebros de héroes o heroínas, selecciono a aquellos que me parecen más apropiados para la situación y luego imagino los consejos que me darían cada uno de ellos, a fin de sacar el máximo provecho de la situación. Elijo a mis héroes y heroínas por sus visiones creativas únicas, por su energía y por su éxito sorprendente, consciente de que todo esto «me nutrirá» a mí y a todos mis procesos de pensamiento creativo.

Los miembros de mi galería de cerebros a quienes recurro regularmente en busca de ayuda son:

- Nuestro guía creativo Leonardo da Vinci, por su infinita creatividad y capacidad de invención.
- A la reina Isabel I, por su habilidad para superar sorprendentes obstáculos, por ser muy flexible y tenaz a la vez, y por aprender con increíble rapidez.
- A Buda, por su profunda indagación en el yo y por su capacidad para soportar los mayores sufrimientos y privaciones.

- A Mohammed Ali, por su asombrosa originalidad y creatividad combinadas con su representación y defensa de un grupo minoritario.
- A Morihei Ueshiba, fundador del arte marcial japonés aikido. En este arte, el discípulo de aikido aprende a transformar cualquier violencia en tranquilidad, a la vez que permanece inquebrantable.
- A las personas a las que he dedicado este libro que son ¡mi galería de cerebros vivientes!

Conforme avances en la lectura de *El Poder de la Inteligencia Creativa*, selecciona cuatro o cinco grandes personajes históricos para que formen parte de tu «galería de cerebros» personal. Completa este grupo con familiares y amigos cuya capacidad de pensamiento, análisis y creatividad admiras y respetas especialmente. Siempre que te encuentras ante una situación o problema, mantén conversaciones imaginarias con cada uno de tus genios internos e imagina qué respuestas y consejos te darían en esta situación. Te sorprenderá (y a veces te dejará anonadado) la excelencia de los resultados.

7. Juega a los juegos de imaginación creativa de Einstein

Diaria o semanalmente juega algún juego de imaginación creativa de Einstein. Ya hemos visto cómo Einstein se planteaba una pregunta interesante como: «¿Cómo sería montar sobre un rayo de sol para ir hasta los confines del universo?», o «¿Sería invisible si me alejara de alguien a la velocidad de la luz?», o «¿Se curva la luz, y de hacerlo, cómo sé dónde está lo que estoy mirando?» Entonces daba rienda suelta a su imaginación barajando todas las soluciones posibles, por raras o estrafalarias que parecieran. Pruébalo con alguna cosa que te interese y observa las respuestas creativas que generas.

8. El énfasis correcto

Mientras nuestras escuelas, trabajos y cultura tienden a enfatizar las habilidades corticales izquierdas, observa especialmente cómo puedes integrar las del hemisferio derecho. Piensa en tres formas de aportar habilidades del hemisferio derecho a tu trabajo y vida cotidiana, tu vida será más agradable y más eficaz.

9. Utiliza las dos partes de tu cuerpo

Al utilizar las dos partes de tu cuerpo, usarás *ambos* hemisferios cerebrales. Aprende a hacer malabarismos o utiliza la mano que menos uses en tus actividades cotidianas, como peinarte, lavarte los dientes, marcar un número de teléfono, mover una sartén en el fuego, escribir, etcétera. ¡También puedes intentar usar los cubiertos a la inversa!

10. Toma notas con coloridos Mapas Mentales® que «hablen a tu cerebro»

Tomar notas es la forma especial que tiene tu cerebro de comunicarse consigo mismo. Le resulta más fácil trabajar sobre sus pensamientos creativos, problemas y recuerdos haciendo notas externamente que guardarlas todas «en el aire» dentro de sí mismo, ¡sencillamente intenta calcular una larga división mentalmente sin usar papel y lápiz!

Cuando tomas notas, utiliza ambos hemisferios, añade centros de interés a las mismas utilizando colores, imágenes, planificación espacial y ritmo visual. Esta técnica de tomar notas se denomina Mapa Mental® y en el siguiente capítulo desarrollaremos a fondo todo este tema.

Creatividad infinita:
Cartografía tu mente con los Mapas Mentales®

Capítulo tres

Libera tu mente de su cárcel de la «no creatividad»

Puede que no lo supieras, pero tienes un 99 por ciento de posibilidades de que tu cerebro haya estado en una cárcel de «no creatividad» desde que empezaste a ir a la escuela hasta que has empezado a leer este libro.

¿Cómo es posible?

Analiza y observa. Simplemente pregúntate de qué modo tu cerebro hace visibles tus pensamientos, es decir, ¿qué tipo de notas tomas?

¿Son así?

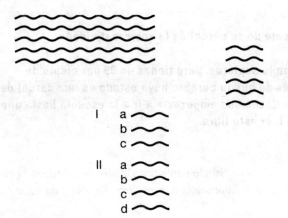

Estilos tradicionales de tomar notas

Si perteneces a ese 99 por ciento de la población mundial que acabo de mencionar, entonces así es cómo tomas notas: utilizarás palabras que estarán incluidas en oraciones o frases; enumerarás cosas; puede que utilices números y letras en «formas avanzadas» de tomar notas para organizar tus pensamientos; tomarás notas en el orden lineal que se presenta la información ya sea de un libro o de un orador; escribirás en líneas rectas y emplearás bolígrafos o lápices azules, negros o grises para tomar esas notas.

¿Podría ser la forma en que hemos estado tomando notas durante los últimos siglos la razón por la que tantas personas creemos que no somos tan creativas como realmente somos? ¿Podría ser también la razón por la que, en general, el mundo no entiende la naturaleza de la creatividad y se queja de que hay falta de la misma?

Investiguemos esto un poco más.

Primero veamos los colores azul, negro y gris con los que normalmente tomamos notas. La razón por la que lo hacemos con esos colores es porque así nos lo han enseñado (en mi colegio no sólo me enseñaron a utilizar únicamente el azul o el negro, sino también a usar ¡una marca de tinta en concreto! Todo niño que fuera sorprendido infringiendo esta estricta norma corría el riesgo de ¡hacer *25 líneas* más de deberes!)

¿Cómo se siente tu cerebro al respecto?

Para tu cerebro, un azul, negro o gris es un único (mono) color (*chroma*). Esto significa que las ondas de luz que bombardean nuestra retina procedentes de ese color son todas idénticas. Por lo tanto, para tu cerebro un azul, negro o gris solos es una información mono-(único)-tona.

¿Qué palabra obtenemos cuando combinamos el concepto «mono» y «tono»? *Monótono* y si algo es mono-tono, lo describimos como… ¡monótono! ¿Y con qué palabra solemos describir algo que es monótono) ¡ABURRIDO!

¿Qué hace tu cerebro cuando está aburrido? La mayoría de las personas dan las siguientes respuestas:

- se va fuera de onda,
- se desconecta,
- apaga y cierra,

- se queda como muerta,
- sueña despierta,
- divaga,
- se duerme.

Por lo tanto, el método actual desarrollado para liberar el potencial creativo del planeta es actualmente ¡aburrir a las mentes creativas hasta la distracción y enviarlas a dormir!

No sólo eso: no importa de qué nacionalidad seas o qué lenguaje hables. Si hablas en inglés, italiano, alemán, español o ruso, tus aburridas líneas van de izquierda a derecha. Si hablas en hebreo o árabe, tus aburridas líneas sencillamente ¡irán de derecha a izquierda! Si hablas chino mandarín, tus aburridas líneas ¡irán de arriba abajo! A tu cerebro no le importa en qué ángulo de 90 grados se va a dormir, ¡puede hacerlo en cualquiera de ellos!

¿Por qué sucede esto?

Piensa en las herramientas que suele usar tu cerebro para tomar notas: palabras, listas, líneas, números, orden, secuencias, letras, es decir, las habilidades mentales del «hemisferio izquierdo».

Hasta aquí muy bien.

En el espacio que viene a continuación, observa qué habilidades del «hemisferio derecho» se utilizan:

Lo has adivinado, la razón por la que no hemos dejado espacio para responder es porque la respuesta es ¡«ninguna»! No hay imágenes, códigos, colores, dimensiones, ni «retratos globales», ritmo visual ni conciencia espacial.

En otras palabras, nuestros métodos tradicionales para tomar no-

El Poder de la Inteligencia Creativa

tas sólo hacen ¡la mitad del trabajo! Ha llegado el momento de completar la tarea. De nuevo, está claro que utilizando sólo la mitad de nuestras habilidades hemos, al igual que el corredor cojo o manco, estado funcionando con una fantástica falta de eficiencia.

Las líneas en las que hemos estado escribiendo son los barrotes de la prisión tras la cual nuestra fantástica mente creativa se ha quedado atrapada.

Veamos qué sucede cuando permitimos que nuestros hemisferios hagan visibles sus pensamientos de una forma compatible con la forma en que realmente pensamos y ahora ya sabemos que ¡no es en líneas rectas!

Pensamiento irradiante y prueba de nuestro infinito potencial creativo

A tu mente no le gusta pensar de forma lineal o en secuencias, como si fuera un ordenador: piensa de manera *irradiante* y *explosiva*, como se muestra en el siguiente diagrama:

Pensamiento irradiante y explosivo

Para mostrarte cómo funciona el pensamiento irradiante, prueba el siguiente juego de pensamiento creativo e irradiante, ¡que cambiará tu forma de pensar sobre tu forma de pensar para siempre!

Más abajo encontrarás la palabra «FUN» (diversión) formando el centro de un rostro. De ese rostro irradian cinco ramas, y de cada una de esas ramas irradian, como un árbol o el delta de un río, cinco ramas más.

El juego es como sigue: de las cinco ramas centrales escribe las cinco primeras palabras que se te pasen por la cabeza cuando pienses en el concepto «DIVERSIÓN», una en cada rama, sea lo que sea. Cuando hayas hecho esto, pasa al siguiente nivel de ramas y escribe rápidamente en cada una de las cinco líneas, las cinco primeras palabras que se te ocurran cuando pienses en la palabra principal que has escrito en su rama correspondiente (de nuevo, una palabra por rama). Cuando hayas llenado las cinco primeras palabras clave y todas sus ramas correspondientes, léelo.

¿Has podido hacer este ejercicio?

¡Por supuesto que sí!

¿Ha sido sencillo?

¡Claro que sí!

¿Tiene más sentido de lo que en un principio podía parecer?

¡Puedes estar seguro!

Piensa en ello. Lo que acaba de hacer tu cerebro es algo bastante profundo. Has tomado un concepto aislado, «DIVERSIÓN» y de él has irradiado cinco ideas clave diferentes. De modo que has multiplicado tu primer impulso creativo por cinco, eso supone un 500 por ciento de aumento en rendimiento creativo.

Luego de esas cinco ideas nuevas, recién creadas, has creado cinco nuevas ideas más. ¡Otro 500 por ciento de aumento! En un momento has empezado con una idea y has creado treinta diferentes.

Ahora pregúntate: «¿Podría crear otras cinco palabras o ideas de cada una de las veinticinco palabras que irradian de las cinco primeras?» ¡Pues claro que sí! ¡Eso implica otras 125 ideas!

¿Podrías añadir cinco más a cada una de ellas? Una vez más, por supuesto que podrías, ¡625 ideas más! ¡*Eso suma un 6.250 por ciento más de ideas que cuando empezaste*!

¿Podrías seguir hasta el siguiente nivel? ¿Y el siguiente? ¿Y el siguiente y el siguiente?

¡Por supuesto!

¿Durante cuánto tiempo?

¡Eternamente!

¿Cuántas ideas generarías?

¡Infinitas!

¡Felicidades! Utilizando una técnica básica de Mapas Mentales®
acabas de demostrar que tu potencial creativo es infinito.

¡Las noticias son aún mejores!

En el juego del pensamiento creativo e irradiante al que acabas de
jugar, todavía estás usando, principalmente, tu hemisferio izquierdo.
Supongamos que añadieras las cualidades mágicas del hemisferio derecho a tu ya probada capacidad de pensamiento creativo infinito.
¿Supón que le añadieras el Mapa Mental® básico utilizando colores,
un ritmo más visual, imágenes, dibujos, códigos, dimensión y una organización espacial inteligente? Si lo hicieras volverías a ser como el corredor con todo su cuerpo, multiplicarías tus habilidades de forma si-
nérgica. Añadirías una fuerza, colorido y dimensión extra a lo que ya
sabemos que es una capacidad creativa infinita.

Mapas Mentales® creativos

Ya has hecho un Mapa Mental® básico con el juego de la «DIVER-
SIÓN». Crear un Mapa Mental® creativo de verdad es sencillo, fácil y
divertido:

1. **Empieza en el CENTRO de una página en blanco puesta en
    sentido horizontal**. ¿Por qué? Para darle a tu cerebro la libertad
    creativa irradiante a fin de que pueda ramificarse en todas direcciones.
2. **Utiliza una imagen para tu idea principal**. ¿Por qué? Porque
    una imagen vale más que mil palabras para tu poder creativo, con-
    seguirá agradar a tus ojos y te ayudará a mantener la atención.
3. **Utiliza colores por doquier.** ¿Por qué? Porque el color estimula

el pensamiento creativo, te ayuda a distinguir áreas de tu pensamiento creativo, estimula los centros visuales de tu cerebro y capta la atención y el interés de tu vista.

4. **Conecta tus ramas principales a la imagen central** y conecta tus segundas y terceras ramas a los primeros y segundos niveles, etcétera. ¿Por qué? Porque tu cerebro trabaja por asociación (véase capítulo 8) y si las ramas están conectadas en la página, las ideas se conectarán en tu cabeza y producirán más pensamientos creativos. También crea y mantiene la estructura básica, al igual que tu esqueleto, músculos y tejido conectivo mantienen unido a tu cuerpo.

5. **Dibuja las ramas curvadas en lugar de en línea recta.** ¿Por qué? Porque un Mapa Mental® creativo con líneas rectas es ¡aburrido para la vista! Tu cerebro se siente mucho más atraído por las líneas curvas que encuentras en la naturaleza.

6. **Usa una palabra por línea.** ¿Por qué? Porque como ya sabemos por el ejercicio «DIVERSIÓN», cada palabra o imagen suelta genera su propio inmenso despliegue de pensamientos creativos. Cuando uses palabras sueltas, cada una de ellas es mejor para generar nuevos pensamientos. Las frases u oraciones tienden a disminuir su efecto desencadenante.

7. **Utiliza imágenes**. ¿Por qué? Porque las imágenes y los símbolos son fáciles de recordar y estimulan asociaciones nuevas y creativas.

Ahora ya sabes cómo utilizar la herramienta de pensamiento creativo más poderosa que conoce la humanidad, el Mapa Mental®.

Michael Michalko en su bestseller *Cracking Creativity*, describe los Mapas Mentales® como la «alternativa cerebral

total al pensamiento lineal». El autor destaca muchas ventajas del uso de los Mapas Mentales®. Como que:

«Activan todo tu cerebro.»

«Un Mapa Mental® te despeja la mente.»

«Hace que te enfoques en un tema.»

«Te ayuda a desarrollar una organización detallada sobre el tema y el cuadro general.»

«Te ofrece una representación gráfica de lo que sabes sobre el tema, permitiéndote identificar fácilmente los lapsos de información.»

«Te ayuda a agrupar y reagrupar conceptos, fomenta las comparaciones.»

«Mantiene activo tu pensamiento y te acerca cada vez más a la respuesta clave en la resolución de problemas.»

«Requiere que te concentres en tu tema, lo cual te ayuda a conseguir información al respecto transferida desde la memoria de corto plazo a la de largo plazo.»

«Se expande en todas direcciones y capta los pensamientos desde cualquier ángulo.»

Los grandes genios y sus notas

Cuando empieces a practicar la Cartografía Mental®, te unirás a la galería de los grandes genios. Todos ellos utilizaron los principales elementos de las directrices del Mapa Mental® para hacer visibles sus pensamientos y que así les fueran útiles a ellos y a los demás para dar grandes saltos creativos hacia delante en sus disciplinas. Entre estos genios se encuentran Leonardo da Vinci, considerado el «cerebro del pasado milenio»; Miguel Ángel, el gran escultor y artista, Charles Darwin, el gran biólogo; sir Isaac Newton, descubridor de las leyes de la gravedad; Albert Einstein, que descubrió las leyes de la relatividad; sir Winston Churchill, el renombrado líder político y escritor; Pablo Picasso, que le cambió el rostro al arte del siglo XX; William Blake, el visionario, artista y poeta inglés, Thomas Edison, el inventor de la bombilla; Galileo, que dio un giro al universo con sus observaciones astronómicas; Thomas Jefferson, el polifacético creador de la Constitución americana; Richard Feynman, científico premio Nobel; Marie Curie; química y radióloga doblemente premio Nobel; Martha Graham, la gran bailarina y coreógrafa y Ted Hughes, el fallecido galardonado poeta inglés, considerado el poeta más importante del siglo XX.

¡Estás en buena compañía! De hecho, muchos piensan que todo el Renacimiento italiano fue generado en su mayor parte por genios creativos que se escaparon de sus celdas de pensamiento lineal. Hicieron visibles sus ideas y pensamientos, no sólo a través de líneas y palabras, sino también con el igualmente y a menudo más poderoso lenguaje de las imágenes, dibujos, diagramas, códigos, símbolos, gráficos, etcétera.

Historia: Leonardo da Vinci
Para un ejemplo perfecto de un gran genio creativo empleando el lenguaje de la visión para generar miles de ideas brillantes e innovadoras, basta con echar un vistazo a los cuadernos de notas de Leonardo da Vinci. Leonardo usaba imágenes, diagramas, símbolos e ilustraciones como la for-

ma más pura de captar sobre el papel los pensamientos que tenía.

La esencia de los cuadernos de notas de Leonardo, que debido a las manifestaciones del genio creativo puro que contienen, están considerados como algunos de los libros más valiosos del mundo, son sus dibujos. Estos dibujos ayudaron a Leonardo a explorar su pensamiento en campos tan dispares como el arte, la fisiología, ingeniería, investigación subacuática y la biología. Para Leonardo el lenguaje de las palabras estaba en segundo plano respecto al de las imágenes y lo utilizaba para etiquetar, indicar o describir sus pensamientos creativos y descubrimientos; la principal herramienta para su pensamiento creativo fue el lenguaje de las *imágenes*.

Historia: Galileo Galilei

Galileo fue otro de los grandes genios creativos del mundo, que a mediados del siglo XVI y principios del XXVII revolucionó la ciencia utilizando sus propias técnicas para tomar notas. Mientras sus contemporáneos utilizaban visiones verbales y matemáticas tradicionales para el análisis de los problemas científicos, Galileo, al igual que Leonardo, hizo visibles sus pensamientos con ilustraciones y diagramas.

Curiosamente, Galileo fue también un gran soñador despierto. Según la ahora famosa «Leyenda de la lámpara», Galileo estaba mirando ociosamente el gentil balanceo pendular de las lámparas que colgaban de la catedral de Pisa, cuando tuvo la experiencia de «Eureka». Galileo se dio cuenta de que independientemente del recorrido del balanceo de la lámpara, siempre necesitaba el mismo tiempo para completar una oscilación. Galileo desarrolló la observación del «isocronismo» en su Ley del péndulo, aplicándola a la medición del tiempo y al desarrollo del reloj de péndulo.

Historia: Richard Feynman
Richard Feynman, físico y ganador del premio Nobel, cuando era joven se dio cuenta de que la imaginación y la visualización eran las partes más vitales para el proceso de pensamiento creativo. Consecuentemente, desarrolló juegos de imaginación y aprendió a dibujar sin ayuda. Al igual que Galileo, Feynman se desmarcó del sistema tradicional de tomar notas que usaban sus contemporáneos y decidió poner toda la teoría de la electrodinámica cuántica en una forma visual y diagramática nueva. Esto le condujo a su desarrollo de los ahora famosos diagramas de Feynman, representaciones pictóricas de la interacción de las partículas, que ahora utilizan los estudiantes de todo el mundo para comprender, recordar y crear ideas en los campos de la física y de las ciencias en general.

¡Feynman estaba tan orgulloso de sus diagramas que se los pintó en la cara!

Historia: Albert Einstein

Albert Einstein, el Cerebro del siglo XX, también rechazó las formas tradicionales estándar lineales, numéricas y verbales del pensamiento creativo. Como Leonardo y Galileo hicieron antes que él, Einstein creía que estas herramientas eran útiles, aunque no necesarias y que la imaginación era mucho más importante. Fue él quien afirmó: «*La imaginación es más importante que el conocimiento, pues la imaginación es ilimitada*». De hecho, en una carta a su amigo Maurice Solovine, le explicaba su dificultad para usar palabras que expresaran su filosofía de la ciencia, porque no pensaba en palabras, sino más bien en diagramas y esquemas.

Historia: Charles Darwin

¡Darwin fue un Cartógrafo Mental®! Al desarrollar su teoría de la evolución tenía una inmensa tarea ante sí: tenía que explorar todo lo que pudiera del mundo natural; clasificar cada una de las especies y sus relaciones mutuas; explicar las regularidades e «irregularidades» de la naturaleza; demostrar la naturaleza explosiva y multiplicativa del crecimiento y de la diversidad. ¿Cómo lo consiguió? ¡Con Mapas Mentales® básicos!

Darwin diseñó una forma de nota básica de Mapa Mental®, que se parecía bastante a un árbol con ramas y era casi idéntico al ejercicio «DIVERSIÓN» que has hecho en la página 40. Darwin usó estas formas básicas de Mapas Men-

El Poder de la Inteligencia Creativa

tales® como la única forma eficaz de ayudarle a recoger grandes cantidades de datos, organizarlos y ver las relaciones entre varios temas, además de crear una nueva conciencia a raíz de ese conocimiento. Según la historia a los 15 meses de haber dibujado su primer diagrama de Mapa Mental®, Darwin había desarrollado todos los componentes principales de la teoría de la evolución.

Método de tomar notas de Darwin

Equipado con tus nuevos Mapas Mentales® de pensamiento creativo, ya estás preparado para un ejercicio de creatividad.

Ejercicio de creatividad

1. Utiliza colores en tus notas

Usa siempre colores para tomar tus notas. Empieza con un bolígrafo de cuatro colores y luego pasa a otros a medida que vayas progresando. El color hace que tus notas resulten más interesantes, estimulará tus procesos de pensamiento creativo y, literalmente, ¡aportará color a tu vida!

2. ¡Soñar despierto y soñar dormido!

Tanto soñar despierto como soñar dormido proporcionan a tus músculos creativos visuales una fuerza extra. Observa, preferiblemente en forma de Mapa Mental®, cualquier idea o imágenes de tus mejores sueños. Esto te ayudará a ser más visual y a aportar color a tus notas con Mapas Mentales®.

3. Piensa irradiando

Una vez a la semana, piensa en una palabra o concepto que te interese y haz un Mapa Mental® básico de pensamiento irradiante como en el caso de «DIVERSIÓN». Esto mantendrá tus habilidades de Cartografía Mental® en forma.

4. Mapa Mental®

Dibuja un Mapa Mental® cuando tengas un problema que quieras analizar. Hazlo del siguiente modo:

El Poder de la Inteligencia Creativa

- Haz un Mapa Mental® rápido, justo de la misma manera que hiciste el de «DIVERSIÓN», añadiendo color, imágenes y tanta información como tu cerebro desee (véase página 48). Este ejercicio se ha de hacer muy deprisa.
- Deja que tu mente «piense en ello» un rato, concédete al menos una pausa de una hora.
- Vuelve a tu Mapa Mental® y añade pensamientos nuevos.
- Vuelve a mirar detenidamente tu Mapa Mental® y busca cualquier conexión nueva que pueda existir entre cualquiera de los elementos de cualquiera de las ramificaciones.
- Conecta estos tres elementos mediante códigos, colores o flechas.
- Identifica las nuevas conexiones principales.
- Haz otra pausa para que tu mente pueda pensar en ello, identifica y marca cualquier nueva conexión que encuentres.
- Vuelve al Mapa Mental® y decide tu solución.

5. Guarda cuadernos de notas de los Mapas Mentales®

Otro gran genio creativo que hizo notas del estilo de los Mapas Mentales® visuales fue Thomas Edison y lo hizo porque ¡Leonardo da Vinci lo había hecho!

Edison, que registraba una patente tras otra en los registros estadounidenses, se consumía en un deseo creativo y decidió que la mejor forma de alimentar a su propio genio creativo sería seguir los pasos de su héroe Leonardo. Siguiendo el ejemplo de Leonardo, Edison registró estudiosa y apasionadamente, con ilustraciones visuales, cada paso de sus procesos creativos y al final recopiló 3.500 cuadernos de notas.

6. Utiliza los Mapas Mentales® como herramienta de comunicación creativa

Si has de dar una conferencia o una charla de cualquier tipo, utiliza un Mapa Mental® creativo que te ayude a garantizar una buena presentación de tus ideas.

Independientemente de si tu exposición son unas breves palabras de agradecimiento tras una cena de celebración como si se trata de una presentación formal de negocios, un Mapa Mental® creativo tiene una serie de ventajas respecto a las presentaciones estándar y lineales, aburridas, monótonas, pre-preparadas y a menudo sin sentido del humor que hacen muchas personas que tienen miedo de hablar en público. Y las personas a las que van dirigidas ¡también las temen!

Utilizando un Mapa Mental® puedes liberar tu mente (y a ti mismo) para organizar tus pensamientos con mayor rapidez, ponerlos en el orden apropiado e incluir todas las ideas e imágenes nuevas que brillarán en tu imaginación cuando te levantes para hablar. Esto te ayudará a relajarte y a hablar con naturalidad y espontaneidad, ¡para el alivio y disfrute de todos los presentes!

7. Practica la Cartografía Mental® y crea tu futuro

Para este ejercicio, coloca una imagen o símbolo de ti mismo en el centro de tu Mapa Mental® y ten como ramas principales temas como: habilidades, educación, viaje, familia, trabajo, riqueza, salud, amigos, metas, aficiones, etcétera. En este Mapa Mental® crea tu futuro ideal, Cartografía Mentalmente® el resto de tu vida como lo harías si hubiera salido un genio de una lámpara maravillosa y te concediera todos los deseos.

Cuando hayas creado este Mapa Mental® futuro ideal, empieza a hacer que se haga realidad con la ayuda de tu galería de cerebros (véase pág. 37). Muchas personas han probado este Mapa Mental® de «crea tu propia vida» y les ha resultado extraordinariamente exitoso. A los pocos años de estar creando Mapas Mentales® se han dado cuenta de que casi el 80 por ciento de sus planes ¡se han hecho realidad!

8. Haz un Mapa Mental® sólo de imágenes

Haz un Mapa Mental® utilizando sólo imágenes, ¡sin palabras! Tu cerebro realizará distintas conexiones y asociaciones al tratar sólo con imágenes. Te sorprenderá bastante ver los nuevos vínculos y conexiones creativas que haces cuando exploras un tema de esta manera. (Prueba este ejercicio especialmente después de haber leído el capítulo 4 y de que ¡hayas liberado al artista creativo que hay en ti!)

9. Da códigos de colores a tus Mapas Mentales®

Busca cuatro formas de usar el color como código para tus Mapas Mentales®. Crea nuevas formas de usar el color o texturas para mostrar conexiones, capas de tiempo o pensamiento, personas, acciones, urgencia, etcétera.

10. Averigua cómo te puede ayudar en tu vida el uso de los Mapas Mentales®

Cartografía Mentalmente® todas las formas en que los Mapas Mentales® te pueden ayudar: en casa, en el trabajo y en todas las áreas de tu vida. Sigue creando y ampliando este Mapa Mental®. ¡Añade las ideas de otros a las tuyas!

Tú el artista creativo

Capítulo cuatro

Todas las personas (y eso significa todos) son artistas por derecho propio

¿Por qué más del 95 por ciento de las personas en todo el mundo creen que no son verdaderamente creativas o artistas y que los artistas poseen algún don mágico especial que se les ha concedido a unos pocos?

He hecho encuestas por todo el mundo sobre este fenómeno, con resultados más que sorprendentes. En primer lugar, independientemente de la nacionalidad, raza, edad o sexo de las personas entrevistadas, los resultados fueron los mismos. En segundo lugar, las respuestas que se dieron a las preguntas más importantes siempre fueron lógicas, y por tanto *siempre* ¡equivocadas!

La pregunta más reveladora que planteé a ese más del 95 por ciento que creía que no había sido bendecido con el don de dibujar y pintar fue: «¿Cómo sabes que no tienes esa habilidad especial?»

La respuesta más habitual, como cabía imaginar, es que lo habían intentado y habían fracasado, por consiguiente, se habían *demostrado* a sí mismos que dicha habilidad no formaba parte de su conjunto de habilidades mentales.

Lo que en realidad habían «probado» era que su primer intento de creación artística no había producido los resultados deseados. No sólo tenían que intentarlo de nuevo, sino que tenían que aprender *cómo* realizar ese segundo intento.

Lo que sucedió en casi todos los casos fue casi idéntico. Sin duda, puedes incluirte en la historia que viene a continuación:

La muerte del artista

Intenta recordar cuando tenías cuatro años e ibas a la escuela de párvulos.

Es un delicioso día de otoño y tu profesor entra en la clase y anuncia entusiasmado que hoy vais a tener vuestra primera clase de dibujo.

Estás entusiasmado, porque tu mente está llena de maravillosas imágenes y no puedes esperar para expresarlas sobre el papel, que tienes de sobra, así como estupendos lápices de colores con los que crearás ¡tu primera obra maestra!

El profesor dice de nuevo con entusiasmo: «Muy bien niños, ¿estáis preparados? Quiero que dibujéis un avión».

En tu imaginación puedes ver fácilmente un avión, pero la técnica para extraerlo de tu cerebro y plasmarlo sobre el papel es algo más difícil. ¿Qué haces de forma natural, en este momento, a tus cuatro años, rodeado de tus amigos de la misma edad todos ellos con su papel y sus lápices en la mano? Mirarás a los otros niños para ver lo que están haciendo.

> **¿Qué te dirá el profesor cuando se dé cuenta de que estás mirando a tu alrededor?**
> **«¡Deja de mirar lo que hacen los demás! ¡Eso es hacer trampas!»**

Tanto en mis encuestas como en las de mis colegas, casi todas las personas tuvieron experiencias parecidas.

Ahora piensa por un momento sobre qué te pasó realmente en esa fase. Lo mismo que hubiera sucedido si tus padres, que esperaban oírte pronunciar tu primera palabra, al tú decir «MAMÁ», te hubieran respondido: «Siempre hemos sabido que serías un fracaso. ¡No utilices nuestro lenguaje, crea el tuyo propio!»

Por supuesto, ningún padre o madre diría jamás semejante tontería. ¿Por qué? Porque todos sabemos intuitivamente y en lo más profundo que nuestros cerebros en primer lugar aprenden imitando. *Imitar es la primera herramienta esencial en cualquier aprendizaje. Es la forma en que nuestro cerebro adquiere los puntales básicos del conocimiento a partir de los cuales podemos añadir nuestra creatividad única.*

Esto es tan cierto para el arte como lo es para el lenguaje.

Volvamos a tu primera clase de dibujo, en la que te arrebataron tu técnica de aprendizaje primordial.

> **Frustrado, te esfuerzas en vano y desconsoladamente, hasta que se acaba el tiempo. Cuando has «terminado» tu trabajo, se te permite mirar a tu alrededor. ¿Y qué es lo que ves?**
> **¡Aviones mejores que el tuyo!**
> **De hecho, irónicamente, la mayoría de los niños ven avio-**

---

nes mejores porque miran la peor parte de los suyos y la mejor de los dibujos ajenos.

En esta etapa tus compañeros de clase pueden acercarse y ayudarte a descubrir que el tuyo no es la obra maestra que habías soñado, y tu peor enemigo puede decir algo así: «¡No es muy bueno! ¡No tiene alas!» La pena y la humillación van en aumento y el brote de creatividad empieza a marchitarse.

Y la pena no cesa. Pues en la pared de la clase, durante las dos semanas siguientes, o no está tu avión y estás condenado por su ausencia, o (lo que es todavía más horrible) *es* tu pequeño aeroplano el que la decora y tienes que mirar esa maldita cosa durante dos semanas. Su propia presencia te recuerda todos los días tu incompetencia, fracaso y el no haber podido realizar tu fantástico sueño.

Unos días más tarde, el profesor vuelve a entrar en la clase anunciando: «¡Niños, hoy toca dibujo de nuevo!»

¿Y qué dice tu cerebro?

«¡Nooooooooooooooooo, de ningunaaaaaaaaaaaaaa MANERA!

Tu mente pensará en tirar bolitas de papel o clips a los niños que hicieron buenos dibujos, pasarles mensajes a tus amigos u observar el maravilloso y creativo mundo artístico que hay fuera de la ventana y soñar despierto. Tu mente no querrá dibujar. ¿Por qué? Porque ya se ha demostrado a sí misma que no puede.

El Poder de la Inteligencia Creativa

A partir de ese momento, el maravilloso y natural artista que eres empezará a esconderse cada vez más y no querrá que le vuelvan a destrozar su precioso sueño.

El artista que hay en ti puede estar escondido, pero el sueño seguirá vivo, y ahora puede despegar de nuevo, ¡al igual que lo podía haber hecho entonces!

El renacer del artista

Lo único que hubiera sido necesario cuando tenías cuatro años era que alguien te dijera: «¡Es un avioncito muy interesante! ¿Te gustaría que el siguiente tuviera alas?» Y tú hubieras respondido: «Sí».

El profesor ideal habría dicho algo como: «Bueno, lo único que has de hacer es poner dos líneas aquí y ya tienes las alas. Y si quieres dibujar mejor los aviones y hacerlos más bonitos habla con Charley, que dibuja unos aviones preciosos y pregúntale cómo lo hace».

Si tu profesor hubiera adoptado este enfoque y lo hubiera continuado, habrías aprendido lo que en realidad es un alfabeto muy simple para aprender a dibujar y hoy serías un artista creativo competente.

El resto de este capítulo te ayudará a hacer que vuelva a prender la llama de ese sueño y a realizar tareas que te sorprenderán a ti mismo, a tu familia y a tus amistades.

Juego artístico creativo número 1 (conseguir lo imposible)

En este ejercicio creativo voy a devolverte a tus cuatro años y ¡vas a reiniciar tu carrera como artista! Para asegurarnos de que éste será un comienzo justo y nuevo, ¡vas a usar la mano con la que normalmente no escribes o dibujas!

¿Por qué?

Porque al no haber dibujado nunca con esta mano, será como empezar, literalmente, de nuevo.

En la página 70 verás una serie de cuadrados, cada uno de ellos etiquetado con una letra y un número, y cada uno rellenado con líneas de diferentes medidas y ángulos; cada cuadrado de la rejilla contiene un pequeño número de estas líneas.

La rejilla de la página siguiente está clasificada con letras de la A a la G y con números del 1 al 7. Tu tarea es utilizar la mano que normalmente no empleas, para copiar con cuidado las líneas en cada cuadrado en la casilla correcta. Cuando hayas terminado, revisa rápidamente cada casilla para asegurarte de que es lo más perfecta posible. Luego, y *sólo* entonces, gira el libro boca abajo y ¡observa lo que has creado! Después, anota tus reacciones en el espacio que hay abajo.

¿No eres acaso un genio creativo? Con tu mano no entrenada, que no utilizas, «débil», has dibujado con un parecido razonable al mayor genio creativo de los últimos mil años, ¡Leonardo da Vinci!

¿Cómo has podido hacerlo?

Porque simplemente tu cerebro estaba usando un método que no conocía y que es innato en todos los artistas (como tú mismo) y en todos los pensadores creativos (de nuevo, ¡como tú mismo!) Este método es simplemente permitir que el ojo y el cerebro en combinación, midan las cosas, tal como están diseñados para hacer. Cuando a tu cerebro se le permite hacer esto objetivamente, sin interferencia alguna de pensamientos como «Nunca seré capaz de hacer esto», «No soy bueno pintando», «La pintura sólo es emoción», «Soy una nulidad dibujando», sencillamente ve, mide, copia, y por lo tanto, dibuja de forma natural, del modo en que todos podemos hacerlo.

Piensa en ello, el dibujo que acabas de hacer, es el primero que has hecho dibujando con esa mano. Imagina qué niveles artísticos puedes alcanzar cuando hayas pasado días, semanas, meses y años desarrollando una habilidad desde las etapas iniciales hasta un nivel superior.

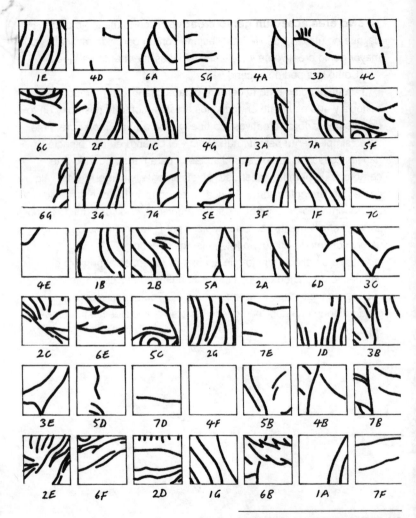

	1	2	3	4	5	6	7

Tú el artista creativo

El secreto artístico de los grandes

Ahora la siguiente sorpresa… ¡el alucinante secreto artístico de Miguel Ángel y de Leonardo da Vinci!

¡Ellos hicieron exactamente lo mismo que tú acabas de hacer! Dibujaron primero observando y luego enumerando y midiendo. Mira las ilustraciones de estas dos páginas. La primera es el precioso dibujo de Miguel Ángel de un atleta. Si lo miras detenidamente verás que abajo en el lado derecho y en la parte inferior izquierda hay una serie de líneas, marcas y números. Eso era Miguel Ángel observando el cuerpo humano como un científico, midiendo las proporciones del cuerpo, proporcionándose las directrices de la línea y el número y luego rellenando los blancos.

El segundo es un bosquejo de Leonardo, en el que su método de llegar a la forma final de un caballo se ve todavía más clara.

Leonardo segmentó las patas en sus partes constituyentes, como has aprendido a hacer ahora, dividió el cuerpo en los componentes básicos del dibujo, luego rellenó las líneas finales y definitivas. Al igual que Miguel Ángel, Leonardo observaba la naturaleza como lo hacían los científicos, utilizando el talento natural de sus ojos para la observación para producir lo que ahora llamamos obras maestras.

Tanto Miguel Ángel como Leonardo, desarrollaron activamente sus poderes de observación y luego ¡«dibujaron mediante números»!

Ninguno de los grandes artistas empezó a dibujar de repente y de forma espontánea. Primero observaron detenidamente lo que querían dibujar, luego lo analizaron y lo midieron, y luego, lo trasladaron (lo «copiaron») de su imaginación al papel. De hecho, Leonardo prefería que las personas le consideraran un copiador de la naturaleza a un «artista» etéreo y «volado». En tu próximo ejercicio de creatividad tendrás la oportunidad de desarrollar tus habilidades recién descubiertas, pero primero, aquí tienes otro descubrimiento sorprendente para ti:

¡Eres un artista tan sorprendente que NO sabes dibujar!

Juego artístico creativo número 2

En este juego creativo tienes una serie de elementos, como los juegos de construcción de madera infantiles, para dibujar.

Se trata de elementos con formas simples de óvalos, triángulos, cuadrados, rectángulos, etcétera. Puedes empezar el juego con cualquier forma de la naturaleza. Tienes algunas en la parte superior de la página opuesta: círculos, líneas rectas y curvas. Combínalas con cualquier de los otros elementos arriba citados del modo que desees, hasta que surja algún tipo de forma.

Utilizando tus piezas de construcción básicas, completa la forma del modo que tu mente desee. Con este ejercicio permites a tu cerebro utilizar esa sorprendente capacidad que tiene cuando mira las nubes, los paisajes cubiertos de nieve o los dibujos de la madera, de las rocas y de las llamas temblorosas, «viendo» todo tipo de formas que se convierten en animales, monstruos, caras o paisajes.

En el segundo diagrama de la página contigua encontrarás ejemplos de las seis formas básicas, a las cuales ya les has añadido unos pocos garabatos.

Piezas de construcción artística básicas

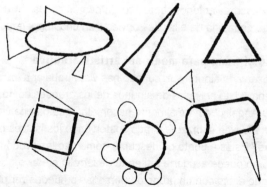

Piezas de construcción con añadidos

Tú el artista creativo

Si quieres puedes añadirles algo más a cualquiera de ellas o ir hasta la página 81 y ver cómo combinó el artista estos garabatos. A veces la «forma» se vuelve evidente moviendo la página hasta encontrar ese ángulo y perspectiva que de pronto hace que el dibujo «encaje» en su lugar.

Ahora ya sabes que eres creativo, que eres artista por naturaleza, que puedes incluso dibujar con la mano que nunca has usado antes, con las fórmulas de los mayores creadores artísticos de todos los tiempos y con las herramientas básicas para ampliar tus vastos poderes creativos. Ahora es el momento del ejercicio creativo.

Ejercicio de creatividad

1. Garabatear

Sobre una hoja de papel limpia y utilizando las piezas de construcción básicas descritas anteriormente, haz garabatos con las formas básicas hasta que cada una de ellas se convierta en una imagen reconocible.

2. Aprende el truco para medir del artista creativo

¿Has observado alguna vez, cuando has visto trabajar a los artistas o cuando has visto películas de algunos de los grandes como van Gogh y Miguel Ángel, que normalmente hacen algo que parece un poco excéntrico: mueven el brazo estirado sosteniendo los lápices o pinceles en el aire? Estás a punto de descubrir cómo eso les ayudó a ser grandes y cómo puede ayudarte a ti en tu desarrollo creativo.

Cuando estás con un grupo de personas o puedes ver personas a diferentes distancias, toma un lápiz o bolígrafo, mantenlo a la distancia del brazo estirado y mide el «tamaño» de las diferentes cabezas. Antes de empezar a medir, calcula cuánta longitud de tu lápiz o bolígrafo utilizarás. Luego desliza el pulgar hacia abajo desde la punta en la que tu pulgar está al nivel de la barbilla de la persona. Como he dicho antes, cerciórate de que pruebas esto con personas que están cerca y lejos.

Los resultados de este ejercicio te habrán introducido a la herramienta visual científico-artística-creativa que fue desconocida para todos los genios de Asia, India, Oriente Medio y Grecia y que descubrieron esos fenomenales genios creativos del Renacimiento Italiano hace sólo 600 años.

Artista empleando la técnica de medición

3. ¿Puedes hacer dibujos animados? ¡Claro que sí!

A continuación verás una serie de figuras dibujadas que te ayudarán a ilustrar expresiones faciales. Limítate a copiarlas, mídelas y compáralas con cuidado mientras lo haces. Si alguna de ellas no es tan perfecta como te gustaría, no la borres, guárdala para compararla con las que hagas después y utilizando tu nuevos conocimientos, intenta hacerlas de nuevo al cabo de unas semanas.

Feliz	Sonriente	Triste	Lloroso
Desaprobador	Ansioso	Obstinado	Asustado
Sorprendido	Satisfecho	Culpable	Travieso
Vergonzoso	Aburrido	Incrédulo	Enfadado

4. ¡Practica!

Practica dibujar con la otra mano. Utilizar ambas manos (ambidiestro) en general, es un método muy bueno de aumentar tus habilidades creativas. Utiliza también tu equipo de piezas de construcción para practicar. Una vez a la semana, haz garabatos durante 5 o 10 minutos con tus piezas artísticas básicas, a fin de mantener tu músculo creativo en forma.

5. ¡Asiste a clases de pintura!

Ahora que has reiniciado tu carrera artística, ojea libros introductorios sobre cómo dibujar y piensa en tomar clases de dibujo o de pintura, o bien haz unas vacaciones de pintura, ambas cosas son relajantes e inspiradoras.

6. Visita galerías de arte

Equipado con tus nuevos conocimiento sobre la «ciencia del arte» visita galerías y museos y mira con nuevos ojos el trabajo de seres humanos que, al igual que tú, han tenido la habilidad de dibujar y pintar, pero que han tenido la oportunidad de tener maestros que les han enseñado las técnicas que tú acabas de aprender. Ellos imitaron a sus maestros y a los grandes maestros antes que ellos. ¡Cópiales!

7. Aprende a ver

Cada vez que Miguel Ángel o Leonardo iban a pasear, buscaban caras interesantes o bonitas, objetos sorprendentes en la naturaleza, edificios viejos, etcétera. Cuando encontraban algo llamativo, lo observaban, cerraban los ojos e intentaban «dibujarlo», y luego volvían a observar. En la segunda observación, comparaban su recuerdo de lo que habían visto con la realidad. Repetían este ejercicio hasta que el recuerdo era prácticamente idéntico a lo que estaban observando y casi no podían distinguir si tenían los ojos abiertos o cerrados. Tras haber visto (memorizado) el objeto de su atención, regresaban a sus estudios y lo dibujaban (registraban).

Prueba este juego increíblemente interesante para ti. Descubrirás que a medida que lo repites, tu habilidad para dibujar mejorará, al igual que —de igual importancia— tu habilidad para ver y recordar.

8. ¡Visita una galería y EXPLORA!

Busca un lugar donde puedas tomar clases de bellas artes por tu zona, ojea libros o revistas interesantes, y lo más importante de todo, cómprate un cuaderno de dibujo o una libreta en la que puedas empezar a anotar tus ideas creativas, especialmente con las máximas imágenes posibles. De este modo, ¡emularás los pasos de Edison y Leonardo!

9. ¡Mira!

Si tienes alguna duda de que eres un genio creativo por naturaleza, piensa en lo siguiente: busca los recuerdos de todas las cosas bellas, magníficas, complejas y extraordinarias que has visto en tu vida. Si estás en una situación que de alguna forma te resulta interesante mientras estás leyendo este libro, mira arriba y a tu alrededor.

Puesto que usamos nuestros ojos para ver y como la realidad está «allí fuera», cuando miramos las cosas solemos suponer que simplemente están *allí fuera*, que simplemente *las estamos mirando*.

Pero si sólo estuvieran «allí fuera», ¿cómo podrían entrar en nuestras cabezas?

Lo que en realidad sucede es que nuestros sorprendidos ojos, con sus 260 millones de receptores de luz, reciben millones de fotones de luz por segundo, todos ellos llevan imágenes. Nuestro ojo, entonces, transmite estas imágenes al nervio óptico que se encuentra en la parte posterior del cerebro, que a su vez re-*crea* todo el mundo exterior *dentro* de nuestra cabeza.

En otras palabras, durante casi cada segundo de nuestra vida en estado de vigilia, el Maestro Artista de tu cerebro creativo ha estado pintando imágenes perfectas de la realidad para que las puedas admirar. Cada rostro hermoso, cada cordillera cubierta de nieve, cada atardecer y amanecer, cada flor, animal, pájaro que has visto, lo has re-*creado* a la perfección en tu cerebro.

¡Amigo genio, ya has creado y pintado, miles de millones de obras maestras! ¡Tus manos simplemente quieren divertirse y crear más entretenimiento para ti! ¿Por qué no las dejas?

Garabatos terminados

Tú el artista creativo

Tú el músico creativo

Capítulo cinco

Bienvenido al capítulo en el que descubrirás las razones por las que la inmensa mayoría de la población mundial cree que no tiene talento musical y que no puede cantar. Aprenderás lecciones de los pájaros, músicos magistrales, y descubrirás que has estado tocando al menos dos instrumentos musicales muy complejos durante la mayor parte de tu vida y que ¡has «creado» miles de composiciones musicales! No sólo eso, sino que en tu Ejercicio de Creatividad, aprenderás a potenciar las sorprendentes capacidades que posees.

¿Por qué será que al hablar del concepto de arte creativo, el 95 por ciento de las personas encuestadas en todo el mundo afirmaron que «sabían» que no tenían oído, y que los músicos, al igual que los pintores, poseen algún don mágico que sólo se les concede a unos pocos?

Al igual que con las bellas artes, las personas han intentado componer música y han sentido que han fracasado. Pero, ¿ha sido así en realidad? ¿O sencillamente no conocen el secreto de componer música de forma *natural*?

Para tener más elementos de juicio sobre este particular, ¡veamos qué hacen los pájaros!

CÓMO COMPONEN LOS PÁJAROS

A principios del siglo pasado, un extraordinario joven músico japonés llamado Suzuki se interesó por el enigma de cómo aprendían a cantar las aves.

En Japón millones de personas tenían aves canoras en sus casas y había una gran demanda. Suzuki pensó que uno de los mejores lugares para estudiar el desarrollo de un ave canora sería un criadero con decenas de miles de huevos de aves canoras incubándose para que nacieran las crías.

Suzuki, para su sorpresa descubrió que los polluelos no cantaban «espontáneamente». Escuchaban al «Maestro Cantor» que los criadores habían colocado especialmente en el criadero; después de muchos centenares de intentos los polluelos aprendían a cantar como el maestro cantor.

Es decir, los polluelos tenían que aprender a cantar no mediante algún acto mágico, sino imitando lo mejor que podían y practicando miles de veces antes de poder alcanzar el dominio del canto.

Suzuki había descubierto una verdad que se puede aplicar a todos los cerebros de las aves y de los humanos: cantar y componer música creativa son habilidades aprendidas que se logran imitando y trabajando constantemente para conseguir la perfección.

Con este conocimiento, volvamos a los típicos acontecimientos que pueden tener lugar cuando tú (ese genio musical creativo en ciernes) estabas iniciando tu viaje por el desarrollo musical creativo.

La muerte del músico

De nuevo, imagina algún momento de tu vida cuando tenías tres años.

Es un magnífico día de primavera y estás jugando con tus amigos en un parque lleno de flores, cajones de arena, columpios, barras y toda clase de juegos infantiles, hay gente paseando con sus perros, que se reúnen con sus amigos para disfrutar de la belleza de la primavera.

La belleza y la euforia del entorno te llenan de alegría y tus amigos y tú estáis alborozados experimentando con ese fantástico instrumento que estás empezando a descubrir: tu voz. Cada uno de vosotros emite notas más altas que cualquier cantante de ópera, descubriendo las múltiples formas en que puedes producir cada nota, durante cuánto tiempo puedes mantenerla, hasta qué tono puedes llegar y cuánto puedes variarla.

En medio de esta superoperística sinfonía de sonido, a la que los perros se han unido entusiasmados, tu mamá y tu papá, y los amigos de tus padres, se te acercan y te piden que no chilles, que no grites, que no vociferes para no molestar a los demás. Has aprendido que experimentar con tu voz y explorar sus extremos es malo y antisocial.

Un poco después estás en una clase y estás tan involucrado en tu trabajo que espontáneamente empiezas a tararear y cantar. Inmediatamente te dicen que te calles y que guardes silencio mientras trabajas. Te das cuenta de que la música se ha de desconectar del arte, del aprendizaje y de la productividad.

Unos cuantos años más tarde, con un miedo cada vez mayor a usar tu voz a no ser del modo más controlado, te hacen una prueba en tu clase de música. De pie delante del resto de la clase, te someten a un examen público. Con tu cuello y los músculos de la garganta tensos y la boca seca del miedo, se te pide que repitas una nota que han tocado en el piano. Emites una aproximación. El profesor «observa» que tu tono no es bueno y que tu voz no está a la altura de un miembro del coro del colegio. A raíz de ello, cada vez que una persona importante visita la escuela y todos los alumnos han de cantar las canciones o himnos de bienvenida, a ti se te dice que no cantes, que ¡sólo muevas los labios!

Con tu sentido musical cohibido y aplastado, un día te encuentras en el santuario del baño y mientras te duchas dejas ir tu melodía o canción favorita. Desde arriba se oye el «corte más grosero»: «¡Maldita sea! ¡Puedes dejar de emitir ese horrible ruido!» Te das cuenta de que incluso los que quieres se sienten ofendidos por tu música.

Todas estas «pruebas objetivas» te habrán convencido ya de que no tienes oído, que no puedes cantar y que no has de empecinarte en esas actividades. Te has convertido en un paria creativo sin oído».

Pero, ¿es realmente cierto? ¿Son las pruebas *verdaderas* pruebas? ¿O hay una evidencia contundente de lo contrario; evidencia que demuestra que eres un músico creativo y natural maravilloso?

El renacer del músico

A pesar de las «pruebas» contra tu habilidad, de hecho, musicalmente eres un genio. Lo que es más, ¡hay muchas pruebas de ello!

Prueba número 1: las aves maestras canoras

Volvamos con Suzuki. No sólo descubrió que las aves canoras aprendían de los maestros cantores a los cuales imitaban; sino que descubrió que *todos* los cerebros de las aves pueden imitar al maestro cantor. En otras palabras, mientras los polluelos podían imitar y probar repetidas veces, el dominio no sólo era fácil de alcanzar, sino que simplemente era el segundo estadio natural del aprendizaje. Una vez las crías habían llegado a esta etapa elemental (es bonito pensar que el dominio es algo elemental, ¿no es así?), cada polluelo desarrollaba sus propias variaciones sobre el mismo tema.

El cerebro de un pájaro no tiene comparación con el nuestro, es increíblemente simple. Si *su* cerebro puede hacerlo, también puede el nuestro. Mientras al cerebro se le permita imitar a un maestro y practicar constantemente, también podrá alcanzar un nivel muy alto.

Tú el músico creativo

Todos los niños pueden tocar el violín

Suzuki decidió poner en práctica su teoría enseñando a todos los niños a tocar el violín. No les dio libros de música, sino simplemente les permitió que imitaran los movimientos básicos que él hacía con el instrumento. Enseñó a otros maestros a hacer lo mismo. Funcionó.

En la actualidad, a principios del siglo XXI, *cientos de miles* de niños en todo el mundo han aprendido a tocar el violín y otros instrumentos musicales, incluida la voz, utilizando los métodos de Suzuki. No se ha encontrado ni a un solo niño que no pudiera tocar bien. La misma técnica se ha aplicado a los adultos, con resultados similares.

¡La probabilidad de que seas la única persona que no puede aprender es infinitesimal! ¡Eres un músico creativo natural!

Prueba número 2: ¡Hablas, luego cantas!

¿Hablas? ¡Claro que sí!

¿Cómo aprendiste? Imitando a los demás.

¿Qué es lo que imitaste? El sonido, el ritmo, el compás, el acento, la cadencia, las palabras, el volumen, las notas, el movimiento, el tono, el énfasis y la velocidad.

¿Qué constituyen todas estas cosas? ¡Música!

Si escuchas a un grupo de personas hablando en un idioma extranjero que no conoces, te darás cuenta de que están cantando. La razón por la que tantas personas creemos que no podemos cantar es que, a pesar de que siempre lo hemos estado haciendo, lo hemos llamado de otra manera: hablar.

Prueba número 3: ya tocas un instrumento musical

A lo largo de toda tu vida has estado usando un instrumento musical: ¡tu voz! Tu voz es un instrumento musical de sorprendente complejidad. Está compuesto por tus labios, boca, lengua, laringe, garganta, pulmones, diafragma, dientes, huesos y todas las cavidades del cráneo.

Está compuesto por millones de partes operativas y forma el instrumento más sofisticado, ¡a su lado el violín, la guitarra, el órgano, sintetizador o cualquier otro instrumento resultan insignificantes! Has estado tocando y creando con él desde tu nacimiento. ¡Eres un músico creativo por naturaleza!

Prueba número 4: tu segundo instrumento musical

No sólo has estado utilizando tu instrumento musical vocal durante toda tu vida, sino que también tienes otro, tu oreja. Tu oreja es otro instrumento sorprendente de mucha mayor complejidad y sofisticación que cualquier otro creado por el ser humano. Comprende miles de partes operativas y se parece a tus ojos en su capacidad creativa.

Cada melodía que has tarareado alguna vez, cada canción o aria que has escuchado, cada pieza pop o de rock o de música natural con la que has bailado o soñado, cada concierto u obra sinfónica que te ha cautivado, han sido interpretados y re-creados por ti.

Del mismo modo que tus ojos te han ayudado a crear millones de obras maestras, tus orejas han sido los instrumentos con los que has re-creado y re-re-creado (recordado) cada nota de cada canción y pieza musical que has escuchado «allí fuera» y que tu cerebro ha decidido re-crear para su inmensa biblioteca musical.

Los grandes músicos creativos: por «naturaleza» o por «educación»

La mitología popular sostiene que los grandes músicos creativos «nacieron» con ese don; que prácticamente ¡salieron del útero componiendo!

¡Nada más lejos de la verdad!

Historia: Ludwig van Beethoven
Beethoven nació en 1770, y no nació siendo músico, sino en el mundo de la música.

La mayoría de las personas que le rodeaban era cantantes, pianistas o instrumentalistas y su padre intentó procurarle la mejor educación musical posible. A raíz de ello Beethoven estudió bajo el auspicio de algunos de los más grandes músicos de su época, incluido Haydn; «lo mejor ayuda a crear lo mejor».

En el pueblo donde vivió Beethoven, la música estaba siempre presente, se manifestaba en los músicos callejeros, festivales, veladas musicales en conciertos o en casas particulares y en los cantos e interpretaciones musicales de la iglesia local.

De la misma manera que aprendemos a hablar el lenguaje de las palabras, Beethoven, al mismo tiempo y con la misma dedicación, aprendió el lenguaje de las notas. Piensa en cuántas horas tu cerebro de bebé y de niño pasó aprendiendo y practicando el lenguaje, y cuántas horas más has pasado cada año utilizándolo, ¡así de duro trabajó Beethoven!

Historia: Wolfgang Amadeus Mozart
Al igual que Beethoven, Mozart no nació componiendo sinfonías. Era el hijo menor de Leopoldo Mozart, que era músico profesional, director musical del arzobispado de Salzburgo y maestro consumado.

El joven Mozart aprendió el lenguaje de la música, día tras día, de uno de los mejores tutores posibles. También, al igual que Beethoven, Mozart trabajó prodigiosamente duro en esta área de la expresión creativa. Se dice que a veces practicaba hasta 18 horas al día.

Historia: Johann Sebastian Bach
Johann Sebastian Bach, al igual que Beethoven y que Mozart fue un prodigioso y prolífico compositor. A menudo también se ha dicho que eso era «innato» en él. ¡Sólo fue «innato», si por «innato» entendemos «trabajador»!

Bach nació en 1685 en una familia que, de nuevo, al igual que las de Beethoven y Mozart, estaba compuesta principalmente por músicos. **Todos enseñaron al joven Johann, especialmente su hermano mayor Johann Christoph, organista de Ohrdruf, que enseñó a su joven hermano a tocar el órgano y el clavicémbalo, cuyo estilo copió Johann Sebastian.**

La familia Bach tenía la tradición de intercambiar conocimientos y hacia la década de 1840, todos sus miembros se habían enseñado mutuamente hasta llegar a reunir ¡70 músicos en la familia! Esto no fue un «triunfo genético», fue un triunfo de una tradición familiar y de la educación mutua, que culminó con el joven Johann Sebastian.

Bach solía plantearse metas de productividad creativa, una de ellas fue escribir una cantata (una pieza musical de duración media con un solo de voz y, normalmente, partes corales y orquestales) cada semana, incluso cuando estuviera enfermo o agotado. Al parecer dijo modestamente a sus discípulos: «Todo aquel que trabaja duro como yo lo he hecho, también lo conseguirá». «Tan duro como yo lo he hecho» implicaba entre 10 y 18 horas de trabajo al día durante casi sesenta años, ¡un total de 328.500 horas!

Ahora tenemos una prueba innegable de que eres musicalmente creativo de forma innata. Ha llegado el momento de hacer el ejercicio de creatividad para una sesión musical muy amena.

Ejercicio de creatividad

1. ¡Canta!

¡Vuelve (¡o continúa incluso con más ganas!) a cantar en el baño o en la ducha! Si alguien se queja, ¡pide que te ayude a mejorar!

2. ¡Baila!

Bailar es la expresión de tu sentido del ritmo natural y de tu increíble musicalidad creativa. Prueba todos los estilos desde la música disco, el aerobic (bueno también para tu cerebro y corazón), el jazz hasta los bailes de salón.

Cada vez que bailes (y cuanto más a menudo mejor) libera tu creatividad experimentando y aprendiendo nuevos movimientos, ritmos y formas.

3. Consigue otro instrumento musical

Visita una tienda de música y echa un vistazo. Piensa en comprarte algún instrumento musical sencillo como un silbato de hojalata o unos bongos. Las guitarras y los teclados son muy populares.

Piensa en ampliar tu biblioteca mental de melodías, a la vez que aumentas la sofisticación de tu oído músico-instrumental escuchando música de otros países. Pronto te darás cuenta de lo increíblemente musical y creativo que es el mundo entero. Esto reforzará tu conciencia de que todas las personas tienen sentido musical y que las formas de expresión musical son infinitas.

4. Expande tus fronteras

Has de darte cuenta de que lo que *piensas* crea tu realidad y tus fronteras. Si crees que no puedes cantar o tocar un instrumento musical, no podrás hacerlo. Tus fronteras serán absolutas. Sin embargo, si piensas que *puedes* cantar y que tienes el potencial para tocar algún instrumento, podrás hacerlo. Tus fronteras serán infinitas.

Quien ha demostrado con más énfasis este principio ha sido el brillante fundador y director de la orquesta filarmónica de Boston, el profesor Benjamin Zander. El profesor Zander tiene una visión única y muy eficaz de la enseñanza de la maestría musical creativa a los alumnos avanzados de música.

A principios de año, da la bienvenida a su curso y anuncia, con el apropiado ritmo y énfasis musical, que ya conoce las calificaciones que van a tener sus alumnos a final de año.

Todos los alumnos escuchan atentamente, entonces anuncia con júbilo: «¡Todos vais a sacar sobresaliente!» Luego añade: «Os garantizo que vais a obtener un sobresaliente. Parte de ese proceso para conseguirlo será que en las dos próximas semanas me escribáis una extensa carta. Os imaginaréis que os habéis graduado con matrícula de honor en maestría musical creativa y me escribiréis en esa carta cuál ha sido la razón para esa puntuación, cuántas horas de práctica habéis dedicado, cuáles han sido vuestras metas y cómo las habéis conseguido, qué errores habéis cometido y cómo los habéis solucionado, qué consejos seguisteis y cómo los aplicasteis, cuáles han sido las principales

> lecciones que no olvidaréis en vuestra vida y que habéis
> aprendido en el proceso, y cómo vais a seguir avanzando en
> vuestros estudios y carrera ahora que ya habéis conseguido
> la nota más alta».
>
> Todos los alumnos hacen lo que les pide. Se comprome-
> ten con el plan de acción, lo aplican y todos consiguen un
> sobresaliente.

¡Escríbete una nota similar sobre cómo vas a desarrollar tu maestría musical creativa!

5. Recuérdate que eres un músico creativo

Recuérdate constantemente que eres un músico creativo. Cuando oi-
gas cantar a los pájaros, recuerda que aprendieron imitando y con per-
sistencia. Cuando camines o corras, recuerda igualmente que estás in-
terpretando «música corporal». Cuando juguetees o des golpecitos con
tus dedos impacientemente, ¡observa que eres un percusionista! Cada
vez que hablas o mantienes una conversación con un amigo, recuerda
que estás cantando, a menudo en duetos y cuartetos.

¡Cuando te enfadas de verdad por algo y empiezas a dar puñetazos
sobre la mesa, patadas con los pies al ritmo de las palabras que estás
gritando (en un *crescendo* progresivo y marcando perfectamente el
ritmo con los movimientos de tu cuerpo), recuerda que cada palabra
era precisamente como tú la querías, pronunciada justamente como
deseabas, dicha con el tono preciso para conseguir el máximo efecto,
retumbando con el tiempo y el ritmo preciso que pretendías, y contro-
lando a la perfección el tono, contenido, síncopa y volumen!

En otras palabras, ¡estabas cantando! Y si Beethoven hubiera estado trabajando contigo creando toda una orquesta de metal, viento de madera y cuerdas, habrías estado cantando *perfectamente*, ¡una original aria operística! (Titulada quizá *Yo el genio furioso* o *El padre iracundo*).

6. Crea oportunidades musicales

Ahora que eres un músico creativo, aprovecha todas las oportunidades para expresar tu creatividad. Ve a acontecimientos deportivos donde puedas cantar los himnos de tu club o los himnos nacionales. Ve a karaokes y no te limites a sentarte y a escuchar ¡levántate y canta! Por malos que consideres que son tus intentos, persevera y mejorarán.

En los clubes o en las fiestas, canta con la música que suena. Cuando estés en casa canta (o toca) con la radio, tus CD o con las melodías de la televisión.

Si tienes niños pequeños, organiza una *jam session* musical con ellos, con cualquier cosa con la que podáis hacer sonidos musicales (llaves, sartenes, cucharas de madera, etcétera). A los niños les encantará y a ti también.

7. Piensa en tomar clases de música

La regla sencilla para encontrar un maestro en este caso es buscar a alguien que:

- esté cualificado y toque bien cualquier instrumento que vayas a aprender;
- esté totalmente convencido de que puedes aprender cualquier

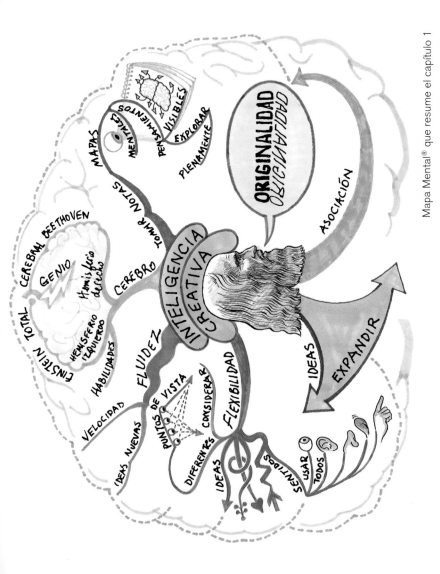

Mapa Mental® que resume el capítulo 1

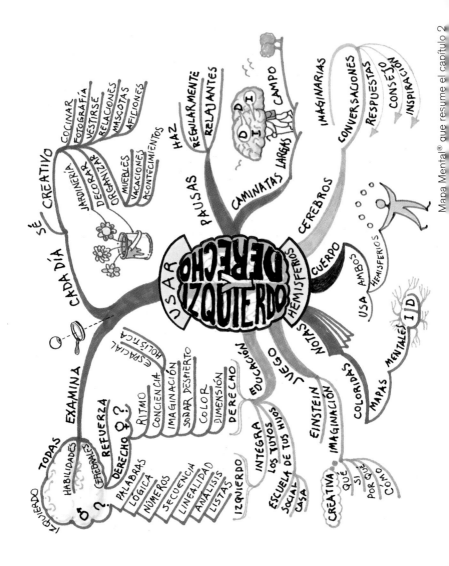

USAR DERECHO y IZQUIERDO HEMISFERIOS

Mapa Mental® que resume el capítulo 2

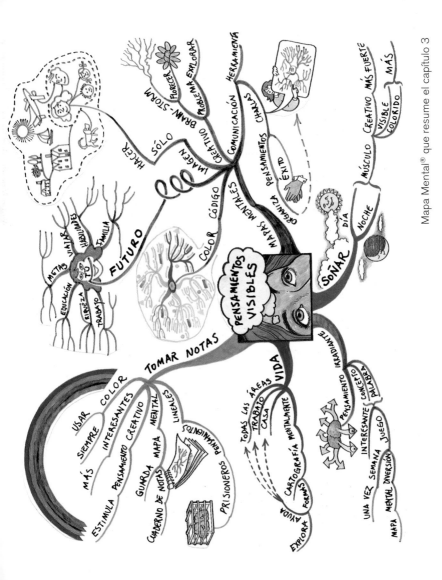

Mapa Mental® que resume el capítulo 3

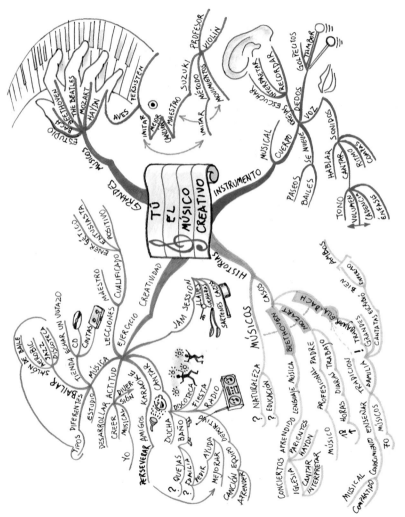

Mapa Mental® que resume el capítulo 5

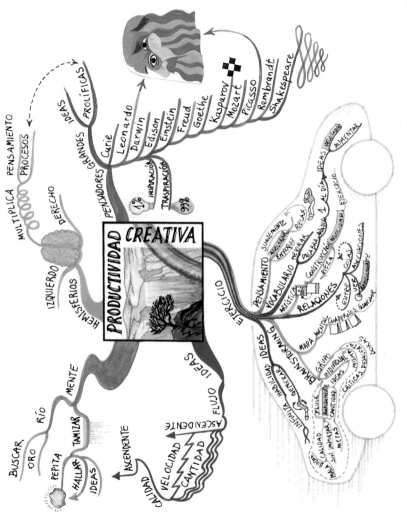

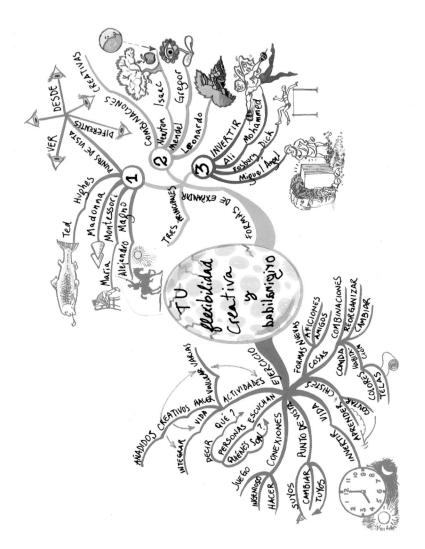

Mapa Mental® que resume el capítulo 7

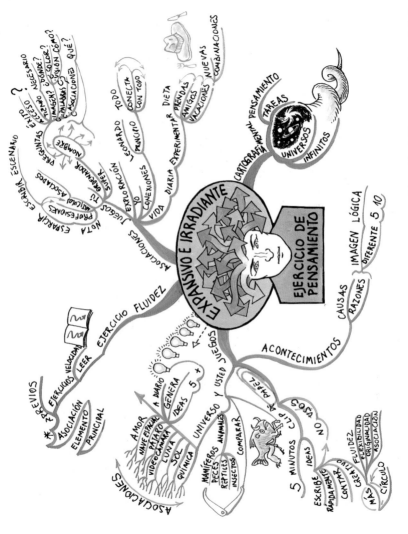

Mapa Mental® que resume el capítulo 8

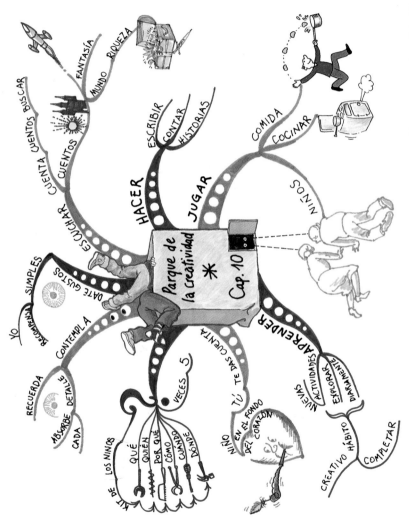

Mapa Mental® que resume el capítulo 10

forma de música que desees aprender, y que enfoque la tarea con energía, entusiasmo y una actitud positiva.

Puedes también integrarte en algún grupo de música o de cantantes formado por amigos o gente de tu localidad. La experiencia te recompensará, te levantará el ánimo y te cambiará la vida.

8. ¡Transmite las buenas noticias!

Ahora que sabes que todas las personas son capaces de aplicar su creatividad a la creación de música, ¡transmite las buenas noticias!

Si alguno de tus amigos o colegas te viene con viejas historias sobre que no tiene oído, usa la información que has aprendido para ayudarle a salir de su solitaria, monótona y amusical prisión. Si lo haces, el canto, el baile y la música te rodearán cada vez más. Esto a su vez hará que ¡toda tu vida se convierta en una sinfonía!

Productividad creativa: El poder del volumen
y de la velocidad

Capítulo seis

La fluidez en el pensamiento creativo se refiere al número de ideas que puedes crear y a la velocidad con la que las creas. La fluidez es una de las metas principales de todos los pensadores creativos y de todos los grandes genios.

Esta meta puede crear un problema, el de la calidad. ¿Qué le sucede a la calidad de tus ideas creativas si empiezas a acelerar tu pensamiento y a generar grandes cantidades de ideas? ¿Baja la calidad, permanece igual o sube?

La respuesta sorprendentemente (¡y felizmente!) es que a medida que aumenta la cantidad y la velocidad de las ideas, la calidad general de las ideas también aumenta.

En otras palabras, en el pensamiento creativo, ¡puedes tener lo que quieras y más!

Veamos a los pensadores creativos y cómo les funcionó este proceso creativo. El volumen y la productividad de algunos de estos grandes pensadores es sorprendente:

- **Marie Curie:** esta gran científica no sólo recibió un premio Nobel, sino dos, y además sobre dos temas distintos, física y química. Su trabajo abarcó los campos del magnetismo, de la radiactividad y del desarrollo de los usos médicos de los rayos X, y descubrió los elementos químicos del radio y el polonio.

- **Leonardo da Vinci**: creó tantas ideas en tantos campos tan distintos que ¡nadie las ha contado todavía!
- **Charles Darwin**: creador de la teoría de la evolución, no sólo escribió su libro de más de mil páginas sobre este tema; escribió otros **119** artículos científicos, libros y panfletos.
- **Thomas Edison**: registró **1.093** patentes originales, lo que sigue siendo el récord mundial de patentes registradas por una persona. También completó **350** cuadernos de notas de trabajo e ideas.
- **Albert Einstein**: además de su tratado maestro sobre la relatividad, publicó más de **240** escritos científicos.
- **Sigmund Freud**: escribió y publicó más de **330** artículos sobre psicología.
- **Goethe**: el gran erudito y genio escribió tan prolíficamente que en todos sus escritos utilizó **50.000** palabras distintas.
- **Garry Kasparov**: el mejor jugador de ajedrez de la historia, jugó hasta el final, analizó, memorizó y comentó creativamente varios **miles** de las mejores jugadas de ajedrez del mundo.
- **Mozart**: en su breve vida este gran genio creativo musical escribió más de **600** obras musicales, incluidas **40** sinfonías completas.
- **Pablo Picasso**: este gigante creativo del siglo XX produjo más de **20.000** obras de arte.
- **Rembrandt**: participó en muchas actividades, incluidos los negocios; además de dichas actividades realizó más de **650** pintu-

ras y **2.000** dibujos.
* **William Shakespeare**: el genio creativo, generalmente considerado el más grande escritor inglés de todos los tiempos, escribió en un período inferior a veinte años **154** sonetos y **37**
obras de teatro maestras.

La lista anterior descarta la idea errónea de que los genios sólo
producen unas pocas ideas preciosas y luego se les agota su inspiración (creativa). Todo lo contrario: generan grandes cantidades de ideas
y aceleran su productividad a medida que pasa el tiempo y su energía
creativa adquiere cada vez más fuerza gracias a todo lo que han hecho anteriormente.

Entonces, ¿los grandes genios creativos simplemente generan una
idea creativa tras otra? ¡Claro que no! Lo que *sí hicieron* fue *lanzar*
ideas. Muchas quizá no resultaron especialmente brillantes, pero fue lo
«no brillante» lo que ayudó a que surgiera lo brillante.

Al estar siempre lanzando ideas, independientemente de la calidad
de las mismas, los grandes genios creativos se estaban asegu-
rando de que lo que producían era más calidad. Estaban permitiendo y
facilitando que la comunicación entre los hemisferios cerebrales pro-
dujera un proceso de pensamiento sinérgico y «multiplicador», ¡típico
de todos aquellos que saben cómo «utilizar sus cerebros»!

Nuestro guía a la genialidad, Leonardo, fue un ejemplo perfecto de
lo anterior. En sus cuadernos de notas, literalmente, «garabateaba»
cualquier pensamiento que le surgiera al azar, y de ellos salían las
ideas «geniales».

Thomas Edison, el gran discípulo de Leonardo, hacía lo mismo. Edison consideraba que la creatividad era simplemente una parte buena, sincera y deliciosa del trabajo duro o juego para él. Describió el genio creativo como un «uno por ciento de inspiración y un noventa y nueve por ciento de sudor». ¡También practicó lo que predicó! Edison realizó **9.000** experimentos para perfeccionar la bombilla y más de **50.000** para inventar la pila.

Un ejemplo más del compromiso total de Edison con la generación de ideas, sin importarle cómo, es el que podemos ver en el museo de su laboratorio de Nueva Jersey. Mientras lo recorres, contemplas una sorprendente gama de cientos de bocinas de casi todos los materiales, formas, estructuras y dimensiones. Parecen una colección de extraños alienígenas; las hay con formas redondas, cuadradas y multiangulares. También gruesas, cortas, altas, delgadas, rectas, curvas y, en términos de estética, feas y bonitas.

La mayoría de estos modelos que Edison rechazó representan un tributo a su compromiso con experimentar, arriesgar y probar una y otra vez hasta hallar la solución ideal que estaba buscando.

Su actitud respecto al «fracaso» (que todos deberíamos imitar) era ideal. Por ejemplo, cuando uno de sus ayudantes le preguntaba por qué persistía en intentar descubrir un filamento que durara más tiempo en su bombilla, aunque había fracasado miles de veces, Edison señalaba gentilmente que ¡no había fracasado ni una vez! Que lo que había hecho era descubrir miles de veces que eso no funcionaba, en su camino hacia encontrar, inevitablemente, lo que él quería.

Buscar oro

El proceso de generar ideas creativas es muy parecido a buscar oro. Las pepitas de oro son sólo unas pocas entre los miles de piedras o granos de arena que hay en las orillas de los ríos. En el río de la mente ocurre exactamente lo mismo.

Las piedras o los granos de arena representan todas las ideas que existen. Para buscar oro (la gran idea creativa o la nueva solución creativa) has de buscar entre todos los granos (ideas) de la orilla de tu mente para hallar verdaderas pepitas que tengan valor.

Los grandes genios creativos sabían esto, y por consiguiente, generaron cientos de ideas, tamizando la arena para encontrar las pepitas. Dean Keith Simonton dirigió un estudio sobre 2.036 científicos creativos a lo largo de la historia y descubrió algo sorprendente, pero que ahora comprenderás mejor: los científicos más respetados no sólo produjeron más cantidad de grandes trabajos, sino también más número de *malos* trabajos que los demás.

En otras palabras, los grandes simplemente produjeron *más* y luego seleccionaron entre toda su producción, lo mejor.

Ahora ya sabes cuál es el secreto de la productividad creativa: generar más ideas a una mayor velocidad y así incrementarás la cantidad y la fuerza de tu poder creativo.

Ha llegado el momento del ejercicio de creatividad.

Ejercicio de creatividad

1. Desarrolla la velocidad de tu pensamiento

La mayoría de las personas piensan a un ritmo «normal» que en realidad se encuentra en el nivel inferior de su gama de posibilidades. Sabiendo esto y centrándote tranquilamente en la velocidad de tu pensamiento, te darás cuenta de que tu velocidad creativa empieza a aumentar de forma natural.

2. Recuerda: tu capacidad para generar ideas es infinita

¿Recuerdas el ejercicio «DIVERSIÓN» del capítulo 3?

¿Recuerdas también la capacidad infinita que tenías para crear excusas para no leer esas revistas o libros que querías leer o, de hecho, cualquier otra tarea similar que querías realizar?

Analiza tu vida y «revisa» todas aquellas cosas que has hecho que, por definición, puedan considerarse creativas. Cuanto más cuenta te des de tus poderes creativos infinitos, más abrirá tu cerebro sus propias compuertas creativas.

3. Ve las relaciones entre las cosas más rápidamente

En las páginas 108 y 109 encontrarás una serie de palabras clave repartidas en ambas páginas. El Juego de la Fluidez es elegir al azar cualquiera de las palabras y hacer asociaciones entre ellas.

Para cada par, intenta pensar al menos cinco similitudes entre ellas, ¡cuanto más raras mejor! Si puedes hallar 10 similitudes entre cualquier par, lo estás haciendo de maravilla; si encuentras 15, estás entre ese uno por ciento mundial; y si encuentras más de 20, ¡ya estás demostrando tu genio creativo en esta área!

(Hay más información sobre tu cerebro y tu capacidad para hacer asociaciones en el capítulo 8.)

4. Mejora tu vocabulario

Aumenta tu vocabulario al ritmo de una palabra al día, eso suponen 360 palabras al año. Esto significa que tendrás en tu mente más de 360 nuevos centros de asociación en espera para cualquier posibilidad flotante de ideas y para recurrir a ellas y emparejarlas (asociarlas).

Esto aumentará el volumen de ideas y de tu velocidad.

5. Ejercicio de velocidad de las piezas de construcción

Repite el ejercicio de creatividad del capítulo 4 y al hacer de nuevo el ejercicio de las piezas de construcción de la página 74, añade esta vez la urgencia de la velocidad. Controla el tiempo que empleas en hacer el ejercicio y una vez a la semana o una vez al mes inténtalo de nuevo, asegúrate de que en cada ejercicio sucesivo el tiempo que empleas en conseguir una «forma» es menor. Este ejercicio es extremadamente útil para que tus músculos creativos mentales estén en buena forma.

6. Brainstorming individual

Cuando estás generando ideas sobre alguna cosa, deja que éstas fluyan. Genera tantas como puedas, con la mayor rapidez posible, desecha cualquier opinión o criterio sobre si son buenas o malas, prácticas o no hasta que hayas terminado.

«Revisar» constantemente y autocriticarse mientras generas ideas es una costumbre muy extendida y es ¡la mejor forma de acabar con tu creatividad!

7. Generar ideas en grupo

Aquí el procedimiento es idéntico al individual que hemos descrito más arriba, salvo que has de asegurarte de que todo el mundo esté lo bastante cómodo para poder expresar cualquier idea que se le ocurra, por «estrambótica» que parezca.

Si alguien del grupo empieza a criticar cualquier idea, inmediatamente puedes convertirte en un líder creativo diciendo: «Sí esa es una gran crítica, pero vamos a dejarla para la siguiente etapa. ¡Sigamos generando!»

8. ¡Reduce la marcha para poder acelerar!

Piensa de nuevo dónde te encuentras cuando tienes esos brotes de ideas creativas, esas cascadas repentinas de maravillosos recuerdos y de soluciones para los problemas.

Relájate, y acostúmbrate a hacerlo solo.

Para aumentar tu fluidez creativa, asegúrate de que te ofreces suficientes oportunidades para estar en esas situaciones «lentas», en las que ¡tu *cuerpo* descansa, tu *cerebro* se acelera y hace todo el trabajo por ti!

9. Guarda cuadernos de notas para Mapas Mentales®
con páginas en blanco

Ten esos cuadernos de notas en lugares donde es probable que te vengan esas oleadas de inspiración, como al lado de tu cama, en tu despacho, en el coche, etcétera. O bien, asegúrate de que llevas siempre un block de notas. Cada vez que tengas «un momento de inspiración» anota rápidamente las ideas en forma de Mapas Mentales® (véase capítulo 3). Te darás cuenta de que por el mero hecho de tener a mano los cuadernos tu cerebro se verá animado a generar más pensamientos creativos, del mismo modo que tener algo para picar te incita a comer.

10. Fíjate metas

En las sesiones tradicionales para generar ideas, la persona media piensa entre 7 y 10 ideas creativas; en dos días un grupo medio genera 120 ideas.

Si como persona te fijas la meta de generar entre 20 y 40 ideas, y en grupo entre 200 y 400 ideas, obligarás a tu cerebro a producir más ideas de lo que está acostumbrado. Cuantas más ideas generes, más probable (como ya sabes ahora), ¡será que encuentres oro!

río

hijo

naranja

pájaro

espada

uña

tarro

nave espacial

pluma

boca

El Poder de la Inteligencia Creativa

bombilla

luna

hoja

autobús

rana

escarabajo

piedra

sol

reloj

pecho

guitarra

Flexibilidad creativa y originalidad

Capítulo siete

Hasta ahora has aprendido que tu cerebro es un instrumento supersinérgico diseñado para ser creativo y que combinando ambos hemisferios multiplicas inmensamente tu poder creativo, especialmente en el área de los pensamientos visibles mediante los Mapas Mentales®.

Además de lo anterior sabes que eres creativo de forma natural en los campos de la música y de las bellas artes y que tu potencial para la creatividad productiva es absoluto e infinito.

En este capítulo aprenderás a salir de ese surco en el que la mayoría de las personas se han quedado encalladas. Te enseñaré técnicas para ver las cosas desde muchas perspectivas diferentes. Además aprenderás a utilizar tu increíble singularidad para ser todavía más único, más original.

En resumen, aprenderás los principios creativos únicos de la flexibilidad y la originalidad.

Amplía tu flexibilidad y tu originalidad

La flexibilidad en el pensamiento creativo se parece mucho a la flexibilidad física. Significa que tu cerebro es capaz de moverse con fluidez y sin esfuerzo en todas las direcciones.

La originalidad creativa es lo diferente, especial, único, inusual y alejado de lo corriente que realmente es tu pensamiento.

Cuando piensas en la «originalidad», vale la pena pensar en la palabra «excéntrico». ¿Qué significa realmente «excéntrico»? «Ex», significa alejado del; «céntrico», significa centro. De modo que un excéntrico es simplemente una persona que está «alejada del centro», es decir, que no es normal. ¡En el pensamiento creativo lo que se pretende es «no ser normal»!

¿Cómo se consigue?

Hay tres formas principales.

1. Ver las cosas desde diferentes puntos de vista

Una persona normal a menudo ve las cosas sólo desde un punto de vista, generalmente, el suyo. El genio creativo puede ver las cosas desde un número de perspectivas, ángulos y puntos de vista infinitos. Esta habilidad para ver las cosas desde diferentes puntos de vista es una cualidad necesaria de los genios en ámbitos tan extensos y ampliamente diferentes como la poesía, el arte dramático, la educación y el liderazgo. Unos cuantos ejemplos maravillosos ilustrarán este punto:

Historia: Ted Hughes
El laureado poeta inglés fue uno de los grandes poetas de la naturaleza. En lugar de escribir poesía sobre la naturaleza, los animales y todos los seres vivos desde su propio punto de vista, Hughes lo hacía desde el de *ellos*. En sus poemas entraba en las mentes de focas, toros, jaguares y de millares de aves y peces.

Así es cómo Hughes entró en la mente del salmón en la cumbre de su fortaleza y vitalidad:

Ingrávido, con la fuerza para remontar la corriente,
Su cuerpo, la mera armadura de la energía,
En esa temprana libertad marítima, el salvaje asombro de la
*   vida,*
La sal bocado de su propia existencia,
Con la fuerza de la luz.

Historia: Jodie Foster
Jodie Foster ha sido actriz toda su vida, profesión en la que lo más importante es saber ponerse en la piel de otro. Hizo su primer anuncio de televisión a los tres años y fue nominada para su primer Oscar por su papel en *Taxi Driver* a los catorce años. En los treinta años siguientes ha interpretado casi 50 papeles, el más memorable el de víctima en *Acusados* y como la agente especial protagonista de *El silencio de los corderos*. Foster no sólo puede interpretar miles de per-

sonajes diferentes. En la década de 1990 cambió su punto de vista para colocarse detrás de las cámaras para dirigir y producir sus propias películas, que cosecharon grandes éxitos por parte de la crítica. También ve la vida desde la perspectiva de una graduada de Yale, de una madre y de una astuta mujer de negocios.

Historia: María Montessori

A finales de la década de 1880 y principios de la década de 1900, una sorprendente mujer italiana, María Montessori, tuvo una revelación única. María se había distinguido por ser la primera mujer licenciada en medicina de Italia, ahora ya han pasado algo más de cien años.

A María le interesaban especialmente los niños y fue durante una de sus visitas a los parvularios y escuelas de enseñanza primaria, cuando se dio cuenta de algo que, gracias a ella, cambiaría la forma en que el mundo pensaba sobre la educación infantil.

Observó que en las escuelas *todo* estaba pensado y se enseñaba desde la perspectiva de los *adultos*: las sillas y los pupitres eran demasiado grandes, bastos y pesados; el orden de las cosas era rígido, ¡las reglas de conducta se basaban en el ejército! El color estaba ausente o era insulsamente «oficial»; la naturaleza tampoco estaba presente; el silencio era la norma; hacer preguntas estaba prohibido; la lectura, la escritura y la aritmética eran las únicas asignaturas que se enseñaban y ¡la *creatividad* estaba desterrada!

María se puso en la mente de los niños de cuatro o cinco años y creó un nuevo universo partiendo de ellos.

En las escuelas Montessori, las sillas, los pupitres y las mesas estaban diseñados para sus pequeños cuerpos; las clases estaban llenas de colores, de cosas bonitas que mirar, de diferentes texturas y fragancias; la naturaleza se convirtió en una parte del aula, al integrar plantas y animales, se fomentaba el movimiento; se premiaba hacer preguntas y se daban todas las oportunidades posibles para que la joven mente creativa explorara, se expresara y se desarrollara.

Con una sola persona que vio las cosas desde otro punto de vista distinto, los sistemas educativos del mundo empezaron a transformarse.

Historia: Alejandro Magno
Alejandro Magno, cuya inagotable creatividad en el terreno militar y en la estrategia de batalla le valió para ser considerado el más importante comandante militar y líder de todos los tiempos, era brillante viendo las cosas desde otros puntos de vista y no sólo desde el de las personas. También desde el punto de vista de los animales.

A Alejandro le mostraron al inmenso caballo *Bucéfalo*, al que nadie había podido montar anteriormente y todo el mundo se preguntaba si Alejandro habría encontrado por fin a su rival.

¡No fue así!

A diferencia de los demás que simplemente intentaron

usar la fuerza contra este gigantesco semental, Alejandro intentó meterse en su mente. Se dio cuenta de que *Bucéfalo* tenía miedo de una cosa, de su propia sombra. Por lo tanto, Alejandro sostuvo al caballo y le giró la cara hacia el sol,;cuando su sombra hubo desaparecido, el caballo se calmó, Alejandro pudo montarlo y domarlo.

Historia: Martin Luther King

El gran líder de los derechos civiles de los negros durante las décadas de 1950 y 1960 hizo incansablemente campañas a favor de la justicia social y el fin de la segregación y la discriminación racial entre blancos y negros en Estados Unidos. Su carismático liderazgo y sus enardecedoras charlas inspiraron a cientos de miles de personas, tanto en Estados Unidos como en el resto del mundo, para participar en acciones directas no violentas que removieran las conciencias de los dirigentes políticos.

King era adepto a ver las cosas desde la perspectiva de otras personas: desde la de los pobres negros sin trabajo intentando buscar un puesto en las mismas condiciones que sus vecinos blancos, desde la de los pobres trabajadores blancos preocupados por mantener a sus familias, y desde la de los presidentes y políticos intentando complacer a diferentes sectores de la población. Debido a que tenía esa capacidad de ver las cosas desde la perspectiva de los demás pudo conseguir tanto.

2. Hacer combinaciones creativas

Además de ser capaz de ver las cosas desde diferentes puntos de vista, los grandes creadores fueron capaces de relacionar las cosas de modos que nunca nadie había hecho antes. De nuevo, algunos ejemplos nos aclararán esto:

Historia: Isaac Newton

Todo el mundo sabe que Isaac Newton se inspiró para crear la Ley de la Gravitación Universal al caerle una manzana en la cabeza. Este mito común es casi exacto, pero no del todo. De hecho, la historia real es mucho más interesante.

Como el propio Newton dijo, concibió su teoría cuando vio que caía una manzana (¡no en su cabeza!) *al mismo tiempo* que observaba la luna colgada en el cielo.

Las preguntas infantiles sencillas que surgieron en su mente fueron: «¿Por qué se ha caído la manzana? Y lo más importante, ¿Por qué no se cae la luna? ¿Rige la misma ley que hace que caiga la manzana para la luna?»

La investigación de la combinación de los destinos de estos «balones» tan diferentes fue lo que encendió los procesos creativos de Newton y le condujo al desarrollo de la teoría que todavía sigue siendo el centro de la mayor parte de la ingeniería y de la ciencia moderna.

Historia: Gregor Mendel

El botánico y monje austriaco del siglo XIX, Gregor Mendel, pasó muchas horas en el jardín de su monasterio soñando despierto y contemplando los bellos y diferentes colores de las flores del guisante, hasta que fue consciente de una extraordinaria *conexión*: se dio cuenta de que el aspecto de los diferentes colores parecía estar vinculado y relacionado con una simple progresión matemática. De esta simple, brillante y *conectiva* observación, Mendel pudo deducir las leyes de la transmisión hereditaria que llevan su nombre (la razón por la que probablemente tienes los ojos azules o marrones, etcétera) y lo que al final sería la base de la actual industria multimillonaria que es hoy en día la ingeniería genética.

Historia: Leonardo da Vinci

Una vez más, nuestro guía creativo Leonardo da Vinci hace aparición. Descubrir combinaciones nuevas era uno de los puntos fuertes de Leonardo. Uno especialmente interesante fue su observación de que cuando las hojas de los árboles caían en otoño formaban capas: las hojas más viejas y podridas formaban capas más oscuras; las más frescas, las que habían caído hacía menos tiempo, capas más claras.

Leonardo *relacionó* esta observación con las capas de diferentes colores de los acantilados y de las montañas desnudas. ¡Reconoció un concepto básico en la ciencia de la geología!

3. Darle la vuelta a las cosas

Otra forma interesante de hallar combinaciones nuevas es el arte creativo de la *inversión*. En la inversión, simplemente tomas algo que ya existe y piensas en lo opuesto. A menudo descubrirás que esto produce resultados extraordinariamente útiles y únicos.

Historia: Mohammed Ali

Mohammed Ali es considerado por muchos como el deportista más grande de los últimos cien años. Ali utilizó la técnica de pensamiento creativo en su propio beneficio.

Todo el mundo decía que los pesos pesados no podían bailar, él lo hizo.

Todo el mundo decía que cuando boxeas has de tener la guardia alta, Ali la mantenía baja.

Todo el mundo decía que los pesos pesados no podían ser rápidos, Ali fue el boxeador más rápido de todos los tiempos.

Fue su capacidad para darle la vuelta al pensamiento tradicional lo que le permitió llevar ese deporte a niveles creativos totalmente nuevos.

Otro famoso atleta hizo algo similar.

Historia: Dick Fosbury

En la década de 1960, un joven americano especialista en salto de altura, fue entrenado, al igual que los demás, para saltar la barra de frente y con el pecho inclinado hacia aba-

---

jo. Fosbury se planteó la pregunta a la *inversa*: «¿Qué pasaría si saltara de espaldas?»

La respuesta fue que saltaría más alto. Mediante un sencillo acto de invertir el pensamiento, Fosbury no sólo descubrió una técnica de salto totalmente nueva, sino que transformó para siempre este deporte y la nueva técnica revolucionaria fue inmortalizada con su propio nombre: el «Fosbury flop» (salto Fosbury).

Historia: Miguel Ángel

Miguel Ángel, probablemente el mayor escultor de todos los tiempos, también practicó el pensamiento inverso. Mientras la mayoría de los escultores y profesores de escultura pensaban (y a menudo siguen haciéndolo) que el propósito del escultor era imponer una forma a un trozo de mármol amorfo, él sentía lo contrario. Su tarea era extraer el mármol innecesario y dejar al descubierto la forma ya existente, ¡liberarla de su prisión pétrea!

Al pensar de este modo, Miguel Ángel hizo que su tarea fuera conceptualmente mucho más sencilla: en lugar de tener que imponer su propia voluntad a la recalcitrante piedra, simplemente se convirtió en el sirviente de la imagen, que tallaba para revelar la belleza que había bajo la superficie.

Ahora ya eres más consciente de que al aprender a ver las cosas desde diferentes puntos de vista, hacer conexiones e invertir conceptos, puedes crear ideas nuevas sorprendentes.

Al hacer esto es evidente que una persona se vuelve más diferente, inusual, se aleja más de lo normal, es más original y única. ¡Te con-
viertes en una persona a la que los demás consideran especial, creativa y genial!

Ejercicio de creatividad

1. ¡Escucha!

Cuando las personas te expliquen cosas o intenten presentarte su ver-
sión de la discusión o interpretación de un problema, no escuches sólo
lo que dicen, sino *escucha «quiénes son»*. Intenta ver la totalidad desde su punto de vista, qué es lo que están intentando explicar.

Cuando consigas esto, poco a poco irás siendo conocido como
«persona que sabe escuchar», una persona que muestra interés y que
es interesante, un amigo en quien se puede confiar y alguien que
hace que los demás se sientan cómodos. Al mismo tiempo, mejorará
tu memoria sobre lo que has oído y tu poder creativo para ver las cosas desde múltiples perspectivas.

2. Ponte en la piel del otro

Esto no sólo significa simpatizar con los puntos de vista de otras personas, intenta ver las cosas desde la perspectiva de otros seres vivos.
Siempre que veas a un animal, haz como hizo Ted Hughes, e intenta
ver el mundo (¡y a ti mismo!) desde su perspectiva. Utiliza tu imaginación para ponerte en el lugar de las cosas, por ejemplo, ¿cuál es el
punto de vista de la cuchara con la que te comes el cereal? ¿Cuál es
el punto de vista del balón que estás a punto de chutar? ¿Cuál es el

punto de vista del sombrero que te estás poniendo? ¿Cuál es el punto de vista del coche que conduces? ¿Cuál es el punto de vista del insecto que estás observando? ¿Cuál es el punto de vista de la estrella que estás viendo?

3. ¡Invierte tu vida!

Mira tu vida y todos sus aspectos y actividades, y reflexiona sobre cada uno de ellos, ¡invirtiéndolos todos! Este ejercicio te proporcionará una visión fresca de quién eres y de qué es lo que estás intentando hacer; también te permitirá hacer cambios cuando sea necesario y dejar las cosas como están cuando te des cuenta de que son satisfactorias y gratificantes para ti. Piensa en tu ropa, amigos, comida, ubicación, actividades culturales y deportivas. Si vas al gimnasio por la tarde, intenta ir por la mañana antes de desayunar. Cambia las habitaciones, de modo que duermas en la sala de estar y vivas en el dormitorio.

Probablemente, decidas dejar las cosas como están, pero también puede que decidas que hay una serie de cosas que cuando se invierten pueden hacer que tu vida sea mucho más feliz, creativa y rica.

4. Prueba nuevas combinaciones de las cosas

Reorganiza las cosas en tu casa y en tu vida cotidiana. Prueba nuevos tipos de comida, piensa en decorar una habitación con colores y cortinas que normalmente no usarías, cambia de sitio los muebles; adopta un nuevo *hobby* y amplía tu círculo social.

5. Aprende a contar chistes ingeniosos

Si piensas en ello, algunos de los mejores chistes son aquellos en los que se vinculan dos cosas inconexas de una nueva forma cómica o en la que los conceptos estándar se invirtieron de una forma que hace que te partas de risa. El humor es una actividad muy creativa, de modo que cuanto más puedas estar con personas que cuentan chistes regularmente y se ríen, más bueno será para tu poder de pensamiento creativo.

6. Practica hacer conexiones

En tu vida cotidiana, rara vez tomas dos objetos diferentes e intentas establecer una conexión ingeniosa o humorística entre ambos.

Por ejemplo, ¿cómo vincularías los conceptos de boxear con los insectos? Mohammed Ali lo hizo con la frase «¡Flota como una mariposa, pica como una abeja!»

7. Vincula las diferentes actividades de tu vida

Thomas Edison es un maravilloso ejemplo. El laboratorio científico y experimental de Edison era un enorme edificio que parecía un granero con muchas mesas y bancos de trabajo diferentes, cada uno de ellos contenía un proyecto distinto en el que estaba trabajando.

Edison diseñó su taller de esta manera para poder conectar en su mente y entre ellos cada uno de los proyectos que tenía entre manos. Creía que cualquier cosa que hacía en un experimento debía tener alguna conexión inesperada con los demás. Se dio cuenta de que esto le fue tremendamente útil para ayudarle a crear nuevas ideas.

Al utilizar este enfoque te darás cuenta de que tu vida está mucho más integrada de lo que imaginabas y también te ofrecerá la oportunidad de hacer nuevas aportaciones creativas a la misma.

8. Juega nuevos juegos de combinación

En fiestas o en momentos de ocio, prueba pedir a los participantes que busquen las conexiones más inusuales entre cualquier objeto en una situación.

9. Utiliza las técnicas aprendidas aquí para crear algunas ideas más originales

Repasa *El Poder de la Inteligencia Creativa* y haz nuevas asociaciones entre cada capítulo. Luego intenta invertir tus pensamientos.

Tu cerebro, la «máquina de asociación» perfecta:
Pensamiento expansivo e irradiante

Capítulo ocho

En este capítulo vas a aprender el secreto fundamental del pensamiento creativo y vas a practicar juegos de pensamiento creativo que te proporcionarán percepciones extraordinarias sobre el funcionamiento de tu cerebro creativo y de su potencial y poder.

Ahora quizá ya te habrás dado cuenta de que hay una clave para todas las ideas que se han tratado en los capítulos anteriores: ASOCIACIÓN.

La fluidez, la flexibilidad, la originalidad y las técnicas de inversión se basan todas en esta palabra mágica. Es el secreto que todos los grandes genios creativos emplearon para realizar sus hazañas.

En la asociación radica el secreto sobre el modo en que suele pensar tu cerebro. Una vez que lo conoces y sabes cómo utilizarlo, ese secreto te revelará infinitos tesoros creativos escondidos para que explores durante el resto de tu vida.

Este capítulo está pues dedicado a un ejercicio de creatividad expandido, con ejercicios que te entretendrán, desafiarán, informarán y sorprenderán.

Ejercicio de creatividad

1. Ejercita tu poder creativo de fluidez

Lee rápidamente cada uno de los ejercicios de creatividad de los siete capítulos anteriores y pon una pequeña estrella en cualquier ejercicio que puedas identificar que contenga la asociación como elemento principal.

2. La asociación: la autoexploración

En este juego de asociación, imagina que eres un superordenador. Se te pide que accedas a una información y que examines una serie de cosas sobre la misma y sobre ti mismo. Cuando has mirado los «datos» y «accedido» a los mismos, deja que ronden por tu cabeza un tiempo, explora las asociaciones que la creatividad hace surgir en tu mente.

Cuando se te da una parte de información (es un nombre), tienes que plantearte las siguientes preguntas:

- ¿Pude reconocer al propietario del nombre (es decir, acceder a los datos) con éxito?
- ¿Cuánto tiempo tardé en «conseguir» la información?
- ¿La información se me representó en el cerebro mediante palabras o imágenes?
- ¿Dónde estaba la imagen a la que accedí?
- ¿Había algún color?
- ¿Si había color, de dónde procedía?
- ¿Con qué lo vi?
- ¿Cuáles fueron las asociaciones que irradiaron de ella?

Cuando estés listo, pasa a la página 135 y encontrarás un nombre en grandes letras en negrilla. Tan pronto como lo hayas registrado, cierra el libro y deja que fluya la asociación. Luego responde a las preguntas que acabas de leer.

La mayoría de las personas responden «Sí» a la primera pregunta.

Con la segunda pregunta, a menudo chasquean los dedos, queriendo decir instantáneamente.

Piensa durante un minuto sobre lo que *realmente* quiere decir ese chasquido de dedos. Significa que de esos miles de millones de bits de la base de datos (sus memorias fenoménicas de su vida hasta el momento presente) han accedido al azar a toda una base de datos «¡en un chasquido de dedos!» Si puedes explicar cómo puede el cerebro humano hacer este sorprendentemente complejo proceso de re-crear imágenes, seguro que consigues un premio Nobel, «¡en un chasquido de dedos!»

Si puedes explicar dónde se había estado escondiendo la persona nombrada hasta que has decidido rescatarla (vincularla) de allí, conseguirás otro premio Nobel. Además, si puedes explicar dónde está exactamente esa persona en tu cabeza, de dónde procede el color asociado, cómo puedes ver la imagen de la persona y con qué (es evidente que no es con los ojos) conseguirás ¡un premio Nobel tras otro!

Cuando estás conversando tomando un té o un café, o con tus amistades en un bar, tu cerebro y el de tus amigos harán una serie de tareas asociativas a una velocidad tal y con semejante eficiencia y homogeneidad, que ni siquiera te das cuenta de que lo que estás haciendo es algo que ningún superordenador puede ni tan siquiera empezar a plantearse y que ninguno de los grandes científicos del mundo puede explicar todavía.

¡El cerebro es un milagro asociativo!

Como reconocerás, el ejercicio que acabas de hacer es parecido al «DIVERSIÓN» que hiciste en el capítulo 3 y es otro ejemplo de cómo tu cerebro crea inmensos Mapas Mentales® que tienen un potencial infinito para expandirse.

3. Cartografía Mental®

A partir de ahora, haz una Cartografía Mental® *cada vez* que tengas una tarea de pensar. Gracias al ejercicio anterior te darás cuenta de que tomar notas de forma lineal no sólo es una prisión, sino que es como una serie de cortes de espada de samurai que van segando tus pensamientos desde su raíz. Los Mapas Mentales® te permiten explorar los universos infinitamente asociativos que puede crear tu cerebro. ¡Utilízalos!

4. El Principio de Conexión

Uno de los pilares más importantes en la fórmula de Leonardo da Vinci para desarrollar una gran mente creativa fue su Principio de Conexión. Éste básicamente afirmaba que «todo conecta con todo lo demás». Tal como lo expuso Leonardo: «Todo procede de todo, todo está hecho de todo y todo regresa a todo».

¿Estás de acuerdo?

Si perteneces a una de esas pequeñas minorías que no lo está, lo único que tienes que hacer para desaprobar lo que dijo Leonardo es encontrar dos cosas que *no* estén conectadas de alguna manera.

Leonardo utilizó su Principio de Conexión para generar percepciones extraordinarias sobre la naturaleza del mundo que nos rodea. Estas percepciones se convirtieron en los fundamentos de la mayor parte de la ciencia moderna.

Aquí tienes un par de conexiones de Leonardo. Primero:

Observa cómo los movimientos de la superficie del agua se asemejan a los del cabello, que tiene dos movimientos: uno que procede de su propio peso, el otro de las ondas y de los rizos. Del mismo modo, el agua tiene sus rizos turbulentos, una parte sigue la fuerza de la corriente principal y la otra obedece al movimiento de los puntos de reflexión.

Y:

La piedra cuando choca contra la superficie del agua, crea círculos a su alrededor hasta que éstos desaparecen; de la misma manera, el aire cuando choca contra una voz o un ruido, tiene un movimiento circular.

Sigamos el ejemplo de Leonardo. Intentemos hallar conexiones entre *cualquier cosa* y *cualquier cosa*.

5. Los no-usos para un juego con clips

Concédete cinco minutos para el siguiente juego de creatividad.

Durante cinco minutos, escribe tan deprisa como puedas, piensa en todas aquellas cosas para las que no puedas usar un clip.

Mientras haces el ejercicio, quiero que utilices todas las herramientas que has aprendido en este libro. Asegúrate de que utilizas tu poderoso cerebro a fondo en esta tarea, que usas, especialmente, lo que has aprendido sobre tu infinita capacidad y la información sobre la fluidez, la flexibilidad, la originalidad y la asociación.

Cuando estés preparado, empieza el ejercicio. Cuando lo hayas finalizado, suma las ideas que has tenido. Haz un círculo alrededor de aquellas que consideres más creativas y luego léelas.

En los juegos de pensamiento creativo tradicionales cualquier número de ideas generadas que supere las diez se considera bueno. Más de veinte es sobresaliente.

Sin embargo, en el juego que acabas de completar, se produce un extraño resultado: ¡tanto una puntuación alta como baja se puede considerar excelente!

Generar un montón de ideas sin duda es excelente, pues prueba que tus habilidades mentales de fluidez, flexibilidad, originalidad y poder de asociación funcionan bien.

Sin embargo, algunas personas se han dado cuenta de que estas mismas habilidades les crean un debate interno que reduce su productividad. Por ejemplo, una vez cuando probé hacer este juego, una persona pensó que un clip jamás se podría utilizar para beber líquidos. Luego se concienció a sí misma que se podía sumergir el clip en una sopa espesa, y que aunque el método sería lento, podrías llegar a utilizarlo para tomar la sopa.

Ahora, volvamos a tus ideas sobre para qué no se puede usar el clip, especialmente, las mejores, y empieza el debate contigo mismo preguntándote de nuevo: «¿Podría, de alguna manera, utilizar un clip para esto?» Prueba tus mejores ideas con tus amigos.

6. Causa y efecto

La causa y el efecto, el pilar de la ciencia moderna, una vez más depende de la sorprendente capacidad del cerebro para hacer asociaciones.

Una causa es una cosa que *conecta* lógicamente con otra. Puedes ejercer el poder de tu Inteligencia Creativa creando «causas» múltiples e imaginarias para los «efectos». Por ejemplo, si ves a una persona enfadada, piensa al menos 10 causas, para esa persona en particular en esa asociación en particular, por las que pueda estar enfadada.

Así mismo si ves una bandada de pájaros que de pronto forma un ángulo agudo en el cielo, piensa al menos en cinco razones por las que pueden haberlo hecho. ¡Y así sucesivamente!

Este juego de imaginación llenará tu vida de maravillosos momentos creativos y aumentará tu poder de la imaginación, para escribir creativamente y para contar cuentos. De hecho, algunos de los mejores escritores de novelas policíacas y de suspense empiezan con la premisa de que si ocurriera esto y aquello, ¿qué sucedería si provocara aquello y aquello?

7. Practica juegos de asociación

En este juego de asociación en particular, escribe una profesión y un objeto principal asociado a la misma. Por ejemplo: golf con el palo de golf; escritor y la pluma; pescador y la red; basurero y el cubo de la basura; programador informático y ordenador; futbolista y pelota de fútbol; policía y coche de policía; presentador de televisión y aparato de televisión; carnicero y cuchillo de carnicero, etcétera.

A continuación mezcla las ocupaciones y los objetos asociados con ellos y crea escenarios imaginarios que puedan expandir creativamente estas nuevas asociaciones.

Este es un juego maravilloso para jugar con los amigos. Conseguirás resultados sorprendentemente ingeniosos y ¡te reirás un montón! Puedes hacer un número infinito de juegos basados en este mismo principio.

8. Usa asociaciones para mejorar tu memoria

¿Cuáles son los dos pilares de la memoria? La *asociación* y la *imaginación*. Recientemente he estado trabajando en esta área del cerebro y de la inteligencia y he descubierto que la creatividad y la memoria no son, como se ha supuesto a menudo, opuestos. Son *idénticos*. Con la creatividad haces asociaciones con el propósito de *crear* ideas nuevas. ¡Con la memoria haces asociaciones con el propósito de re-crear ideas!

A partir de ahora utiliza todo lo que has aprendido en *El Poder de la Inteligencia Creativa* para aumentar el poder de tu memoria re-creativa. Por ejemplo, cuando aparcas tu coche, asócialo con algo del entorno (¡no con el coche que tienes cerca! ¡Lo que asocies con él ha de ser permanente!) Así mismo, cuando guardes las llaves, cartera, pasaporte, maletín, abrigo o paraguas, haz lo mismo: asocia ese objeto importante en tu vida con su entorno y recordarás (re-crearás) el entorno en el que lo has colocado y el lugar donde está dentro del mismo.

Las personas que recuerdan sin esfuerzo los nombres de las personas desconocidas en una fiesta utilizan esta técnica: asociar a la persona y el nombre con algo que puedan recordar o re-crear más tarde.

9. Experimenta con asociaciones en tu vida diaria

Como hiciste en el ejercicio de creatividad del capítulo anterior, experimenta con nuevas combinaciones en tu dieta, en tu forma de vestir, con tus amistades, en tus vacaciones, etcétera. Esta vez, sé especialmente consciente mientras experimentas y aumentas el poder de esa maravillosa e infinitamente capaz máquina de asociación que es tu cerebro.

10. El juego del «universo y yo»

En este ejercicio te has de situar en el «centro del universo asociativo». Cada día, escoge al azar una idea o concepto y genera cinco o más ideas o formas en que este concepto arbitrario se relacione contigo. Algunas buenas para empezar son:

la química y yo
el Sol y yo
la Luna y yo
una cámara de vídeo y yo
un pájaro y yo
una nave espacial y yo
el amor y yo
un clip y yo
la Tierra y yo
el color y yo

11. Tú y los animales

Otro fascinante juego de asociación es compararte con tantas especies diferentes como puedas entre las siguientes clasificaciones: mamíferos, aves, peces, reptiles, insectos. Anota las similitudes y las diferencias en cada caso. Decide qué animales se parecen más a ti o cuáles son tus ideales.

Este es un gran juego para jugar entre amigos y colegas. También es una forma maravillosa de «romper el hielo» cuando conoces a gente nueva.

BILL CLINTON

Shakespeare y tú, ¡ambos poetas!

Capítulo nueve

Este capítulo te muestra cómo puedes usar todo lo que has aprendido en *El Poder de la Inteligencia Creativa* para liberar el tremendo poder de la creatividad poética que hay en tu interior. Descubrirás que además de ser un músico y un pintor nato, también eres poeta.

Aprenderás una técnica que hemos desarrollado el fallecido poeta laureado Ted Hughes y yo, para generar ¡tantos poemas como desees!

En primer lugar, voy a explicarte cómo me convencí del poder creativo de la poesía. (Te ayudará saber que esta vez mi interés principal fue la naturaleza y el aire libre.)

Cuando era un joven adolescente, mis amigos y yo nos reíamos de la poesía por considerarla una tontería, algo para las personas de mente enfermiza, que no tenía relación alguna con la vida, la excelencia, la fuerza y el poder.

Nuestra profesora de literatura, una pálida, a menudo enferma, pequeña, y desarreglada solterona que solía llamarnos «niños» (¿niños, nosotros? ¡Teníamos quince años y ya lo sabíamos todo!) acabó de estropearlo. Leía poesía en un tono muy apagado y monótono, diciéndonos que éramos todos incultos, insensibles y aburridos. Las clases de literatura eran un desastre y no aprendimos nada.

Un día vino a clase con un libro de poesía en la mano. Ante los bostezos de aburrimiento y desesperación generales, anunció que iba a leer su poema favorito.

Anunció: «Os voy a leer un poema sobre un ave».

Todos nos encogimos y gruñimos aún más fuerte que con su primer anuncio.

«Es un poema de Alfred Lord Tennyson.» (¡Más bostezos!)

Entonces empezó a leer y al minuto siguiente mi vida cambió. El poema que estaba leyendo contradecía todo lo que mis amigos y yo pensábamos sobre la poesía y hacía uso de todas las técnicas creativas que has aprendido. El poema era sobre la reina de las aves, el águila.

> ### El águila
>
> *Se agarró a la roca con sus encorvadas garras*
> *Cerca del sol en tierras solitarias,*
> *Allí está, por el mundo azul rodeada.*
>
> *El mar arrugado bajo ella se arrastra*
> *Desde las paredes montañosas contempla*
> *Y como el rayo se lanza.*
>
> **Me senté desconcertado. En ese minuto había pasado de odiar la poesía a querer ser alguien capaz de transmitir con semejante fuerza y magnificencia, las imágenes, pensamientos y emociones que estaban en mi cabeza luchando por salir.**

Sin saberlo conscientemente en esa edad en que copiar es necesario como parte del proceso creativo, decidí escribir mi primer poema al estilo de mi nuevo héroe, Tennyson.

A los pocos días se me presentó una oportunidad, cuando caminaba por un muelle repleto de pescadores. Al pasar junto a uno de los pescadores, éste pescó un precioso pez brillante de color plateado, que atrapó inmediatamente, lo colocó sobre el suelo de hierro emparrillado del muelle y empezó a machacarle la cabeza con el plomo del sedal hasta que los frenéticos esfuerzos del pez casi cesaron.

Yo estaba muy cerca, mirando intencionadamente esa escena de

---

vida y de muerte, parecía como si el pez me estuviera mirando a los ojos cuando moría. Me sentí culpable por no haber intentado salvarle y así se sembraron las semillas de mi primer poema.

Regresé a casa doblemente transformado y escribí mi primer poema, *La captura*, que me lanzó a mi carrera como escritor creativo.

La captura

Fijamente con ojos de cristal, me mira
La sangre, coagulándose en ellos, se seca
Dando un último suspiro, se va.

El pez que una vez fue tan divino,
Con la espina quebrada yace descuartizado y muerto.
El pescador arregla su sedal. Me marcho.

Creatividad y poesía

Como ya iremos viendo mejor, la poesía simplemente implica aplicar los principios de la fluidez, la flexibilidad, originalidad y asociación a nuestras relaciones con las palabras. Ted Hughes utilizó está técnica conjuntamente con los Mapas Mentales®.

Hughes creó un maravilloso método para desarrollar el pensamiento creativo y metafórico en el que usó los sistemas de memoria y los Mapas Mentales®. Primero enseñaba a sus alumnos sistemas de memoria simples para demostrarles que usando el poder de la asociación y de la imaginación, sus recuerdos se podrían desarrollar hasta un nivel de rendimiento perfecto. Hughes solía hacer hincapié en que cuanto más extrañas (¡fuera de lo normal!) fueran sus imágenes, mejores serían sus recuerdos.

Al haber roto el bloqueo de sus imaginaciones y haber permitido que éstas volaran libremente, guió a sus alumnos en un ejercicio muy parecido al que ya has hecho, vinculando palabras inconexas entre sí (véase página 104).

Les daba un par de objetos aparentemente sin conexión alguna (como «madre» y «piedra») y les pedía que hicieran un ejercicio de Mapas Mentales®, idéntico al juego «DIVERSIÓN» del capítulo 3.

Cuando los alumnos habían pensado 10 palabras para cada objeto, Hughes les instruía para que tomaran una palabra del concepto y encontraran asociaciones entre el mismo y las diez palabras del otro. Luego pasaban a la segunda palabra desde el primer concepto y hallaban asociaciones con las diez palabras del siguiente y así hasta haber asociado los diez con los diez. Para sorpresa de todos, muchas de las asociaciones eran muy poco corrientes, muy imaginativas, provocativas y a menudo conmovedoras.

La siguiente tarea de los estudiantes era seleccionar las mejores ideas de todos los pensamientos y construir a partir de ellas una afirmación creativa y original, un poema.

El «opuesto» «madre-piedra» era uno de sus favoritos y pongo como ejemplo mis dos propios Mapas Mentales® (en la página siguiente) y el mini poema resultante de este ejercicio.

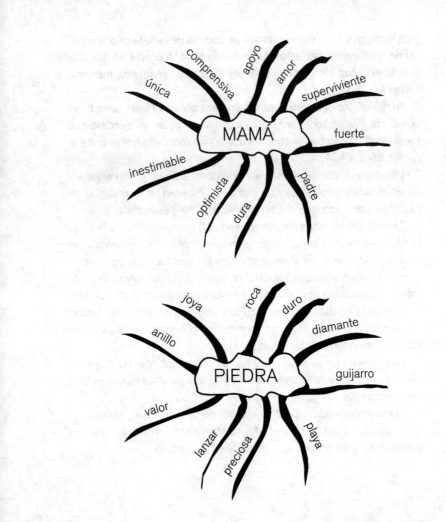

Gracias
Las gemas abrazan su garganta.
Ella, la Joya.
En su Corona,
el Diamante de mi Mente.

Otro de los favoritos de Ted era la yuxtaposición de «una» persona y «un» animal. El ejercicio era igual: irradiar 10 pensamientos sobre la primera palabra, 10 pensamientos sobre la segunda y luego hallar las asociaciones más oportunas.

Para tu propia diversión, escoge al azar pares de «opuestos» de un diccionario y luego encuentra al menos dos asociaciones entre cada una a medida que avanzas o haz el ejercicio del Mapa Mental® de escribir poesía y escribe tus propias composiciones creativas.

Con las técnicas de los grandes genios creativos, con la técnica de la Cartografía Mental® que te ayudará a explorar tu pensamiento poético y con el método de Ted Hughes como guía, ahora estás preparado para iniciar tu penúltima serie de ejercicios de creatividad.

Ejercicios de creatividad

1. Practica el juego de la asociación poética

Tomemos la generación de ideas poéticas de la página anterior, selecciona un par de ideas favoritas y escribe un pequeño poema, más o menos como hice yo usando la técnica de Hughes en la página 141.

2. La poesía y las técnicas de pensamiento creativo

Volvamos al poema de Tennyson «El águila» de la página 139 y veamos de cerca qué técnicas de pensamiento creativo se emplean en todo el poema. Busca todo aquello que te llame la atención en el mismo y utiliza dicha visión al escribir tu propia poesía.

3. Busca los momentos poéticos de tu vida

Permanece atento en otoño cuando las hojas vuelen sobre la hierba; observa las expresiones fugaces de los rostros de las personas; las formas o los paisajes de las nubes, los rayos de sol atravesando las nubes y a los animales en sus diversas actividades. Dedica un tiempo más a contemplar y reflexionar sobre estos acontecimientos y piensa en escribir descripciones poéticas sobre los mismos.

4. Crea rituales poéticos

Muchos de los grandes escritores creativos (incluido Ted Hughes) tenían una vela encendida a su lado cuando iban a escribir. La llama de la vela es un maravilloso instrumento de «meditación creativa» que incita a tu mente a contemplar un hermoso objeto siempre cambiante y

a soñar despierto. Tus sueños despiertos serán la fuente de maravillosas inspiraciones poéticas.

5. Participa en actividades poéticas

Visita librerías y bibliotecas y ojea libros de poesía, selecciona aquellos
que atraigan especialmente tu imaginación creativa, intégrate en algún
grupo de lectura de poesía, un club de poetas, o ¡crea uno tú mismo!
Busca en Internet, la poesía está proliferando en ella y puedes aprender y contribuir.

¡Haz que la poesía y el pensamiento imaginativo poético formen
parte de tu vida!

6. Ten un cuaderno de poesía

Compra un cuaderno bonito que sea atractivo para la vista y anota tus
ideas poéticas y creativas. Su propia presencia te ayudará a adentrarte
en esos enormes pozos poéticos de la imaginación creativa que han
estado esperando a que bebieras de ellos.

7. Crea poemas cortos

Para empezar, intenta escribir poemas cortos, como los *haiku* japone-
ses. Un *haiku* siempre tiene tres líneas y tradicionalmente se compone
de 17 sílabas. La idea del *haiku* es tomar cualquier objeto, concepto o
emoción normal y observarlo simplemente y con profundidad desde
una nueva perspectiva.

Por ejemplo, el tema del «verano».

Verano: Mercurio: sol-calor
Verano: Marte: sequedad-hielo
Verano: Tierra: paraíso

Escoge tus temas favoritos y desarrolla esta maravillosa forma poética. Diviértete y comparte tu poesía. Es importante que te des cuenta de que la poesía no siempre es «seria». Puede estar llena de diversión y de risa, de amor y de entretenimiento.

Aprovecha la oportunidad, cuando algún miembro de tu familia o amigo cumpla años, en aniversarios o celebraciones, escribe pequeños mensajes o rimas poéticas, como los que encuentras en las tarjetas de las tiendas especializadas. Para inspirarte, ojea algunas e intenta mejorarlas.

8. Desarrolla la utilización de tus sentidos

Una vez más, nuestro maravilloso guía Leonardo, que también fue un escritor de hermosa poesía y prosa poética, viene en nuestra ayuda. Además de su Principio de Conexión, tenía otro, el de la Sensación. Leonardo sugirió que cuando piensas o escribes creativamente, tienes que haber desarrollado tus sentidos, a fin de poder emplearlos todos en tu expresión creativa.

Muchos escritores y poetas en ciernes caen en la trampa de usar sólo un sentido, como la «vista». Cuando escribes tus obras maestras creativas involucra todos tus sentidos.

9. Recuerda: eres un poeta nato

Al igual que sucede con las bellas artes y la música, refuerza continuamente la idea de que eres un poeta nato. Tu mente ha estado escribiendo, ideando poesía y pensamientos poéticos y hermosos toda tu vida.

Ahora es el momento de darle rienda suelta.

¡Escribe POESÍA!

Sólo una broma

Capítulo diez

Este capítulo final tratará de los individuos más creativos: los niños.

Has de darte cuenta de que a medida que maduras has de ser más juvenil; ¡que cuanto más mayor te haces más joven has de volverte! Aquí te presentaré la razón por la que es tan importante para ti re-crear al niño que eres; exploraremos un nuevo enfoque dinámico para el pensamiento creativo y formará parte de tu ejercicio de creatividad final, que en este capítulo ¡será un parque infantil!

El niño

Tal como hemos visto Einstein era como un niño grande. Siempre se maravillaba ante el universo que exploraba y siempre estaba haciendo preguntas simples, evidentes y profundas respecto a la naturaleza del espacio, del tiempo, del universo y de Dios.

Isaac Newton, otro de los grandes gigantes de la historia de la ciencia, fue considerado por los demás como el epítome del científico serio, imponentemente lógico, racional y severo.

Él se consideraba a sí mismo de un modo muy diferente. Decía que pensaba de sí mismo que era un niño que vagaba por la playa. De vez en cuando, se deleitaba al encontrar una bonita concha o una piedra de muchos colores brillante que le cautivaba. La playa estaba bañada por un océano inmenso, en cuya orilla jugaba este niño.

Para Newton, sus profundas teorías y percepciones eran simplemente esas bonitas conchas y piedras brillantes, el gigantesco océano era el Océano de la Verdad, que apenas había comenzado a explorar.

Alejado del niño

Un perturbador experimento llevado a cabo recientemente en Utah, Estados Unidos, investigó la cantidad de potencial creativo que empleaban las personas a distintas edades. Se hicieron encuestas en los jardines de infancia, escuelas de enseñanza primaria, enseñanza secundaria, en la universidad y a adultos para investigar el «desarrollo» de la creatividad a lo largo de la vida y determinar la cantidad de potencial creativo que se había utilizado en los tests. ¡Los resultados fueron traumáticos!

Grupo de edad	Porcentaje de creatividad empleada
Jardín de infancia	95%-98%
Enseñanza primaria	50%-70%
Enseñanza secundaria/universidad	30%-50%
Adultos maduros	menos del 20%

Ahora que estás a punto de graduarte en *El Poder de la Inteligencia Creativa* sabrás la razón por la que a medida que nos vamos haciendo mayores todas las cosas de las que hemos hablado en este libro se han ido «borrando» de nuestras vidas, por lo que la creatividad ha desaparecido.

¡En la casilla, fuera de ella y de nuevo dentro!

La forma como hemos aprendido, utilizando una expresión moderna, ha encerrado todo nuestro pensamiento «dentro de una casilla».

Actualmente, gran parte de la educación moderna y de la formación empresarial se está enfocando cada vez más en «sacarnos de esa casilla». En cierto sentido eso es lo que *El Poder de la Inteligencia Creativa* te ha estado ayudando a hacer.

Usemos ahora una de nuestras propias herramientas de pensamiento creativo, y veamos esto (¡como bien sabemos que hemos de hacer!) desde otra perspectiva.

En períodos de fiestas y en celebraciones, suele haber una queja bastante común de los padres respecto a la reacción de los pequeños ante los fabulosos juguetes que les han comprado. La queja suele ser algo parecido a esto:

Nos hemos gastado más de 115 euros en este fantástico juguete, con todo tipo de adornos y artilugios, nuestro hijo ha jugado 15 minutos con él y luego lo ha dejado a un lado. ¡Ahora está jugando con la caja del juguete!

¿Por qué sucede esto tan a menudo? Pensemos en ello. Los sorprendentemente creativos cerebros infantiles han examinado su nuevo juguete en un momento y se han dado cuenta de que sólo hace unas cuantas cosas básicas y repetitivas, se lo han pasado bien y lo han apartado. ¿Para qué? Para utilizar algo mucho más interesante: *la caja.*

Piensa en lo que puede suponer la caja para un niño. Puede ser:

- Una máquina para viajar por el tiempo que le llevará de nuevo a los tiempos de los dinosaurios,
- una nave espacial que le conducirá al final del universo,
- una cueva,
- una casa,
- un coche,
- un barco,
- un camino secreto.

Y vosotros mismos podríais darle, utilizando vuestra creatividad e imaginación infantil, al menos otros veinte usos más que a un niño se le ocurrirían para la misma. Prueba a apuntar algunos.

Ahora veremos la tendencia moderna a la inversa y en lugar de «salir de la casilla», estaremos todos regresando a la misma, donde el potencial para nuestra imaginación creativa es infinito, *siempre que, al igual que los niños, sepamos cómo usarlo.*

En los círculos de pensamiento creativo tradicional estar «en la casilla» es malo y «salir de la casilla» es bueno. Desde la perspectiva infantil, cuando estás «en la casilla», siempre que tu imaginación te acompañe, ya estás *fuera* de ella. De modo que con la nueva visión de *El poder de la Inteligencia Creativa*, podrás ver que tanto si estás dentro como fuera de la casilla ¡tú ganas!

A partir de ahora, podrás seguir dos guías en tu vida que te ayudarán a educarte, a crecer y a desarrollar el poder de tu Inteligencia Creativa: Leonardo da Vinci y el niño.

Como he prometido, ¡este ejercicio es un juego de niños!

Parque de juegos creativos

1. Mira las cosas

Al igual que los niños, *mira* las cosas. Cuando los niños miran fijamente, sus ojos absorben cada detalle, que almacenan para usarlos más tarde en sus fértiles y creativas imaginaciones.

2. Escucha cuentos

Al igual que los niños, busca cuentos y cuentacuentos, escúchales con total atención. A medida que escuchas con los ojos y la mente abierta de un niño, tu propio mundo de fantasía empezará a llenarse de riquezas para su futuro uso.

3. Crea historias

Al darle rienda suelta a tu imaginación, podrás inventar increíbles cuentos de hadas y fantasías, *al igual que hacen los niños.*

4. Juega con tu comida

Siempre estamos diciéndoles a los niños que no jueguen con la comida. ¿Por qué juegan con ella? ¡Porque es una diversión fantástica y multisensorial! Cuando decimos: «No juegues con ella», en realidad les estamos diciendo: «¡No te diviertas! ¡No te conviertas en un chef!»

Cocinar se está convirtiendo en uno de los *hobbies* más populares y que se expanden con mayor rapidez en todo el mundo. Afortunadamente cada vez hay más niños que están siguiendo los pasos de tocar la comida con las manos. ¡Síigueles!

5. Juega con los niños

En lugar de dar a los niños juegos de adultos para que puedan jugar contigo, la próxima vez que juegues con niños (¡y debería ser pronto y a menudo!) deja que ellos sean los que dirijan el juego. Verás que tu Inteligencia Creativa se expande infinitamente, ¡al igual que tu cuerpo!

6. Aprende a hacer cosas nuevas

La vida de los niños está llena de creatividad gracias a una experimentación y aprendizaje constante, minuto a minuto y día a día. Re-crea esta actitud en ti mismo, explora y aprende más. A medida que desarrollas esta costumbre a lo largo de tu vida, todos los aspectos de la misma se volverán más creativos y más plenos.

7. Date pequeños gustos

Uno de los grandes placeres de los niños son los pequeños gustos especiales, como un helado de sus sabores favoritos o una rebanada de pan especialmente caliente, crujiente y fresca, recién salida del horno. Cuando has sido un «niño bueno», te recompensas con estas pequeñas e increíblemente placenteras cosas.

8. Utiliza el «kit de los niños»

El «kit» con el que los niños suelen escalar las altas cimas del conocimiento se basa en las «preguntas-garfio» con pronombres interrogativos. Los niños siempre están preguntando «¿Por qué?», «¿Quién?», «¿Qué?», «¿Cuándo?» Las respuestas que intuitivamente conocen sus pequeños cerebros proporcionan los vínculos y las asociaciones que forjan los enormes mapas de conocimiento que necesitan en la vida. Haz tantas preguntas (y con la misma insistencia) como los niños.

9. Pregunta «¿Por qué?» o «¿Cómo?» ¡Al menos cinco veces!

Como ejercicio creativo para expandir la mente, adopta la costumbre de preguntar «¿por qué?» y «¿cómo?» cinco veces. Tras la primera pregunta habrá una respuesta. Vuelve a preguntar, haciendo referencia a esa respuesta. Esto obligará a tus bancos de imaginación y conocimiento a expandirse y a profundizar. Repite este proceso cinco veces y descubrirás que has alcanzado los límites de tu conocimiento actual y que tienes a tu alcance el reino de la imaginación requerida y del pensamiento creativo y resolución de problemas.

10. ¡En el fondo eres un niño!

Date cuenta de que no importa lo que haya dicho la gente (o incluso lo que tú mismo puedas haber pensado), en el fondo eres un niño y siempre lo serás:

¿Quiénes son los mejores aprendices del planeta? ¡Los niños!

¿Quiénes son los que mejor hacen preguntas en el planeta? ¡Los niños!

¿Quiénes son los seres humanos más persistentes del planeta? ¡Los niños!

¿Quiénes son los que están interesados en todo? ¡Los niños!

¿Quiénes son los más activos? ¡Los niños!

¿Quiénes son los más sensuales? ¡Los niños!

¿Quiénes obtienen más placer de las cosas más simples? ¡Los niños!

¿Quiénes ven las cosas de la forma más novedosa? ¡Los niños!

¿Quiénes hacen las asociaciones más sorprendentes y originales? ¡Los niños!

¿Quiénes utilizan los dos hemisferios? ¡Los niños!

¿QUIÉNES SON LAS PERSONAS MÁS CREATIVAS DEL PLANETA? ¡LOS NIÑOS!

¡Ahora vuelves a ser uno de ellos!

¡Felicitaciones!

Formas parte de ese creciente número de graduados de *El Poder de la Inteligencia Creativa*.

Piensa en la situación increíblemente poderosa en la que te encuentras:

- Tienes pleno control sobre el conocimiento de tus mágicos hemisferios y ya has empezado a acelerar el desarrollo de sus capacidades sinérgicas.
- Has comprendido y dominado los principios de la «navaja del cerebro del ejército suizo», el Mapa Mental® y puedes usarlo en todo tu pensamiento creativo y en situaciones en las que hayas de resolver problemas.
- Has conseguido grandes logros artísticos y estás desatando ese poder artístico para mejorar tu vida en todos los ámbitos posibles que puedas imaginar.
- Te has reafirmado como músico y posees un vasto «lenguaje» nuevo en las yemas de tus dedos (¡y en las terminaciones de tus neuronas!)
- Sabes que puedes acelerar tu creatividad y velocidad y fuerza de tu pensamiento, y sabes que tienes una capacidad infinita en esta área.
- Al darte cuenta de la naturaleza de la flexibilidad creativa, también te has dado cuenta de que eres más precioso y único de lo que jamás habías imaginado y estás en la vía de convertirte en alguien más original y «único».

- Has empezado a liberar a tu alma poética, mientras contemplabas el universo con los ojos del mayor genio creativo, el niño.

Mientras leías *El Poder de la Inteligencia Creativa* has conseguido todo esto al tiempo que te ibas dando cuenta de que entre tus oídos posees la mejor máquina de asociación: ¡tu sorprendente, increíble e infinitamente creativo cerebro humano!

En el camino hacia tu futuro creativo te acompañarán los grandes genios creativos de la historia, así como tu propia energía floreciente e Inteligencia Creativa.

¡Disfruta del viaje!

Floreant Dendritae (¡Qué florezca tu cerebro!)
Tony Buzan

Si deseas más información sobre la Inteligencia Creativa y participar en juegos, concursos y debates sobre todos los temas que se han tratado aquí, visítanos en:

www.Mind-Map.com

o contacta con Tony en el Buzan Centre:
Buzan Centres Ltd.
54, Parkstone Road
Poole, Dorset BH15 2PG

Buzan Centres Inc. (Américas)
PO Box 4
Palm Beach
Florida 33480
USA

Buzan Centres México
5488-0804 World Trade Center México, Piso 22
Dirección electrónica: info@buzanmexico.com

Dirección electrónica: Buzan@Mind-Map.com